大方廣佛華嚴經 讀誦 54

🌸 일러두기

1. 『독송본 한문·한글역 대방광불화엄경』은 실차난타가 한역(695~699)한 80권 『대방광불화엄경』의 한문 원문과 한글역을 함께 수록한 것이다. 한문에는 음사와 현토를 부기하였다.

2. 원문의 저본은 고종 2년(1865) 월정사에서 인경한 고려대장경 『대방광불화엄경』에 한암 스님이 현토(1949년)한 것을 범룡 스님이 영인 출판(1990년)한 『대방광불화엄경』이다.

3. 한문은 저본에서 누락되었거나 글자가 다르다고 판단된 부분은 저본인 고려대장경 각권의 말미에 교감되어 있는 내용을 중심으로 하고 봉은사판 『대방광불화엄경수소연의초』와 신수대장경 각주에서 밝힌 교감본을 참조하여 보입하고 수정하였다.

4. 한글 번역은 동국역경원에서 발간한 한글 『대방광불화엄경』(운허)을 중심으로 하고 『신화엄경합론』(탄허)과 『대방광불화엄경 강설』(여천무비) 그리고 최근의 여타 번역본 등을 참조하였다.

5. 저본의 원문에서 이체자의 경우 흔글이 제공하는 이체자는 그대로 살리고 흔글이 제공하지 않는 글자는 통용되는 정자로 바꾸었다. 예) 間 → 閒 / 焰 → 燄 / 宫 → 宮 / 偁 → 稱

6. 한글 번역은 독송과 사경을 위하여 정확성과 아울러 가독성을 고려하였다. 극존칭은 부처님과 불경계에 대해서만 사용하였다.

7. 독송본의 차례는 일러두기 → 본문 → 화엄경 목차 → 간행사의 순차이다.
   (법공양판에는 간행사 다음에 간행불사 동참자를 밝혀 두었다.)

8. 독송본의 한글역은 사경의 편의를 도모하기 위해 그 편집을 달리하여 『사경본 한글역 대방광불화엄경』으로 함께 간행한다. 독송본과 사경본 모두 80권 『대방광불화엄경』의 권별 목차 순으로 간행한다.

독송본 한문·한글역

대방광불화엄경 제54권
大方廣佛華嚴經 卷第五十四

38. 이세간품 [2]
離世間品 第三十八之二

실차난타 한역
수미해주 한글역

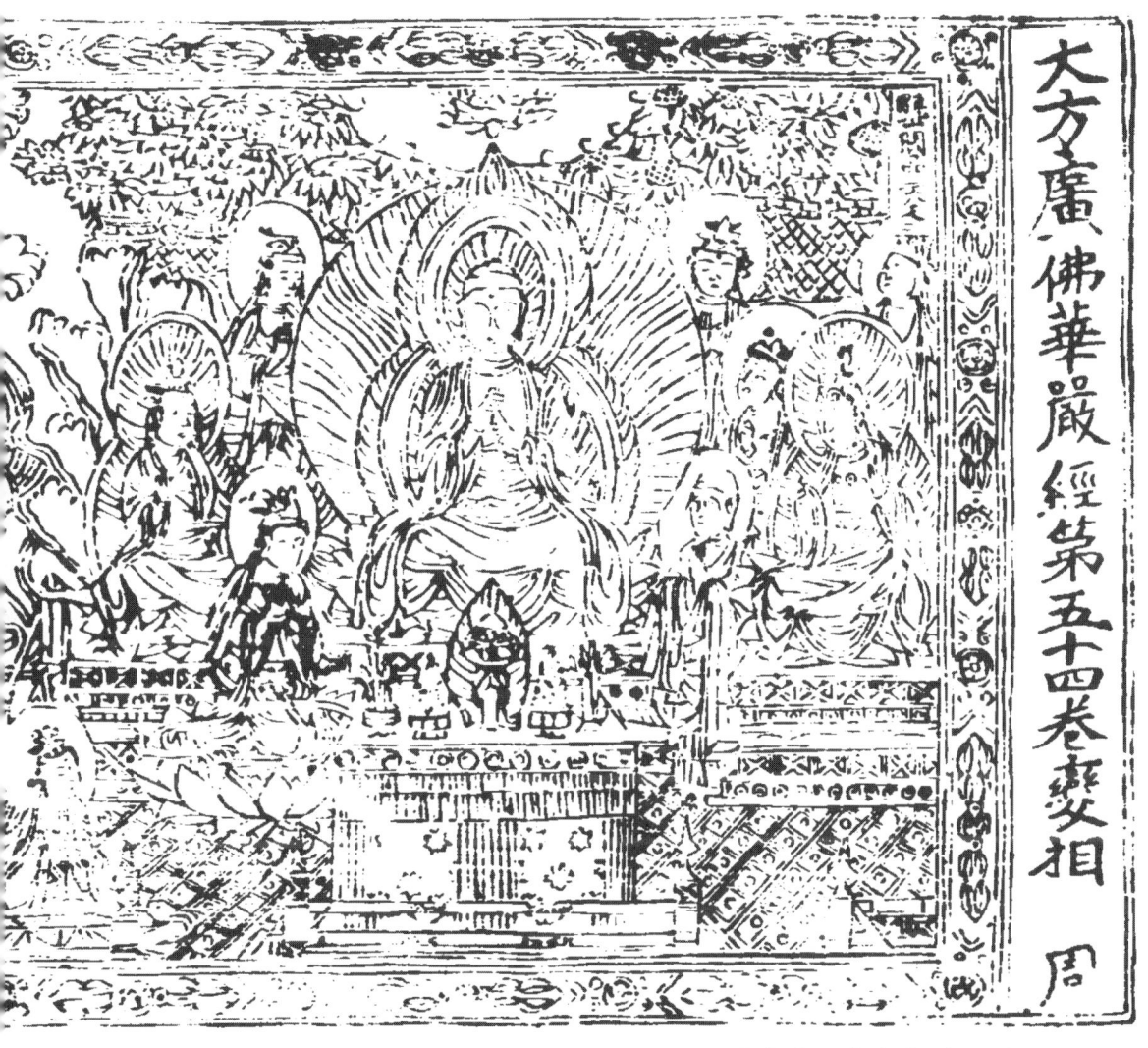

대방광불화엄경 제54권 변상도

대방광불화엄경
제54권

38. 이세간품 [2]

대방광불화엄경 권제오십사
大方廣佛華嚴經 卷第五十四

이세간품 제삼십팔지이
離世閒品 第三十八之二

불자　보살마하살　유십종대흔위
佛子야 **菩薩摩訶薩**이 **有十種大欣慰**하나니라

하등　위십
何等이 **爲十**고

소위제보살　　발여시심　　　진미래세
所謂諸菩薩이 **發如是心**호대 **盡未來世**토록

소유제불　　출흥우세　　아당개득수축승
所有諸佛이 **出興于世**어든 **我當皆得隨逐承**

대방광불화엄경 제54권

38. 이세간품 [2]

"불자들이여, 보살마하살이 열 가지 크게 기쁘고 편안함이 있다.

무엇이 열인가?

이른바 모든 보살들이 이와 같은 마음을 낸다. '미래세가 다하도록 계시는 모든 부처님께서 세상에 출현하시면, 내가 마땅히 다 따라다

事_{하야} 令生歡喜_{라하야} 如是思惟_{하고} 心大欣
慰_{하나라}

復作是念_{호대} 彼諸如來_가 出興於世_{어든} 我當
悉以無上供具_로 恭敬供養_{이라하야} 如是思惟_{하고}
心大欣慰_{하나라}

復作是念_{호대} 我於諸佛所_에 興供養時_에 彼
諸如來_가 必示誨我法_{하리니} 我悉以深心_{으로}
恭敬聽受_{하고} 如說修行_{하야} 於菩薩地_에 必

니며 받들어 섬겨서 환희하시게 하리라.' 이와 같이 사유하여 마음이 크게 기쁘고 편안하다.

다시 이 생각을 한다. '저 모든 여래께서 세상에 출현하시면, 내가 마땅히 다 위없는 공양거리로 공경히 공양하리라.' 이와 같이 사유하여 마음이 크게 기쁘고 편안하다.

다시 이 생각을 한다. '내가 모든 부처님 처소에서 공양올릴 때에 저 모든 여래께서 반드시 나에게 법을 가르쳐 보이시리니, 내가 모두 깊은 마음으로 공경히 듣고 받아들이며 말씀하신 대로 수행하여 보살의 지위에 반드시 이미 났고 지금 나고 장차 나리라.' 이와 같이

득이생현생당생　　　　　여시사유　　심대흔
得已生現生當生이라하야 如是思惟하고 心大欣

위
慰하니라

부작시념　　아당어불가설불가설겁　　행보
復作是念호대 我當於不可說不可說劫에 行菩

살행　　상여일체제불보살　　이득공구
薩行하야 常與一切諸佛菩薩로 而得共俱라하야

여시사유　　심대흔위
如是思惟하고 心大欣慰하니라

부작시념　　아어왕석　　미발무상대보리
復作是念호대 我於往昔에 未發無上大菩提

심　　유제포외　　소위불활외　　악명외
心일새 有諸怖畏하니 所謂不活畏와 惡名畏와

사외　　타악도외　　대중위덕외　　자일발심
死畏와 墮惡道畏와 大衆威德畏라 自一發心으로

사유하여 마음이 크게 기쁘고 편안하다.

　다시 이 생각을 한다. '내가 마땅히 말할 수 없이 말할 수 없는 겁에 보살행을 행하여 항상 일체 모든 부처님과 보살들과 더불어 함께 하리라.' 이와 같이 사유하여 마음이 크게 기쁘고 편안하다.

　다시 이 생각을 한다. '내가 지난 옛적에 위없는 큰 보리심을 아직 내지 못하여 여러 가지 공포가 있었다. 이른바 살아갈 수 없을 공포와, 나쁜 이름 들을 공포와, 죽을 공포와, 악도에 떨어질 공포와, 대중의 위덕에 대한 공포였다. 한번 보리심을 냄으로부터 모두 다 멀리

실개원리　　불경불공　　불외불구　　불겁
悉皆遠離하야 不驚不恐하며 不畏不懼하며 不怯

불포　　일체중마　　급제외도　　소불능괴
不怖하야 一切衆魔와 及諸外道의 所不能壞라하야

여시사유　　심대흔위
如是思惟호대 心大欣慰하나니라

부작시념　　아당령일체중생　　성무상보
復作是念호대 我當令一切衆生으로 成無上菩

리　　성보리이　　아당어피불소　　수보살
提하고 成菩提已하야는 我當於彼佛所에 修菩薩

행　　진기형수　　이대신심　　홍소응공불
行호대 盡其形壽토록 以大信心으로 興所應供佛

제공양구　　이위공양　　급열반후　　각기
諸供養具하야 而爲供養하며 及涅槃後에 各起

무량탑　　공양사리　　급수지수호소유유
無量塔하야 供養舍利하며 及受持守護所有遺

여의어 놀라지 않고 무서워하지 않고 두려워하지 않고 걱정하지 않고 겁내지 않고 공포스럽지 않아서, 일체 온갖 마들과 모든 외도들이 파괴할 수 없는 바이다.' 이와 같이 사유하여 마음이 크게 기쁘고 편안하다.

다시 이 생각을 한다. '내가 마땅히 일체 중생이 위없는 보리를 이루게 하며, 보리를 이루게 하고는 내가 마땅히 저 부처님 처소에서 보살행을 닦되, 그 몸의 수명이 다하도록 큰 신심으로 마땅히 부처님께 공양올릴 모든 공양거리를 마련하여 공양올리며, 열반하신 후에는 각각 한량없는 탑을 세워 사리에 공양올리

법　　　　　　여시사유　　심대흔위
法이라하야 如是思惟하고 心大欣慰하니라

우작시　　　시방소유일체세계　　아당실이
념
又作是念호대 十方所有一切世界를 我當悉以

무상장엄　　　이장엄지　　개령구족종종기
無上莊嚴으로 而莊嚴之호대 皆令具足種種奇

묘　　　평등청정　　　부이종종대신통력　　주
妙하야 平等淸淨하고 復以種種大神通力으로 住

지진동　　　광명조요　　　보사주변　　　　여시
持震動하며 光明照曜하야 普使周徧이라하야 如是

사유　　심대흔위
思惟하고 心大欣慰하니라

부작시념　　　아당단일체중생의혹　　정일
復作是念호대 我當斷一切衆生疑惑하며 淨一

체중생욕락　　　계일체중생심의　　　멸일체
切衆生欲樂하며 啓一切衆生心意하며 滅一切

며, 있는 바 남기신 법을 받아 지니고 수호하리라.' 이와 같이 사유하여 마음이 크게 기쁘고 편안하다.

또 이 생각을 한다. '시방에 있는 일체 세계를 내가 마땅히 다 위없는 장엄으로 장엄하되 모두 갖가지 기묘함을 갖추어 평등하고 청정하게 하며, 다시 갖가지 큰 신통력으로 머물러 지니어 진동케 하며, 광명을 밝게 비추어 널리 두루하게 하리라.' 이와 같이 사유하여 마음이 크게 기쁘고 편안하다.

다시 이 생각을 한다. '내가 마땅히 일체 중생의 의혹을 끊으며, 일체 중생의 욕락을 깨끗

중생번뇌　　　폐일체중생악도문　　　개일체
衆生煩惱하며 閉一切衆生惡道門하며 開一切

중생선취문　　　파일체중생흑암　　　여일체
衆生善趣門하며 破一切衆生黑闇하며 與一切

중생광명　　　영일체중생　　　이중마업　　사
衆生光明하며 令一切衆生으로 離衆魔業하며 使

일체중생　　　지안은처　　　여시사유　　　심
一切衆生으로 至安隱處라하야 如是思惟하고 心

대흔위
大欣慰하나라

보살마하살　　　부작시념　　　제불여래　　여
菩薩摩訶薩이 復作是念호대 諸佛如來가 如

우담화　　　난가치우　　　어무량겁　　　막능일
優曇華를 難可値遇하야 於無量劫에 莫能一

견　　아당어미래세　　욕견여래　　　즉변득
見이니 我當於未來世에 欲見如來인댄 則便得

하게 하며, 일체 중생의 마음 뜻을 열며, 일체 중생의 번뇌를 없애며, 일체 중생의 나쁜 길의 문을 닫으며, 일체 중생의 좋은 갈래의 문을 열며, 일체 중생의 어둠을 깨뜨리며, 일체 중생에게 광명을 주며, 일체 중생이 온갖 마의 업을 떠나게 하며, 일체 중생이 안온한 곳에 이르게 하리라.' 이와 같이 사유하여 마음이 크게 기쁘고 편안하다.

보살마하살이 다시 이 생각을 한다. '모든 부처님 여래께서 우담화와 같아서 만나기 어려워 한량없는 겁에 한 번도 친견할 수 없지만 내가 마땅히 미래세에 여래를 친견하려 하면

見하며 諸佛如來가 常不捨我하고 恒住我所하야

令我得見하며 爲我說法하야 無有斷絶이어든 旣

聞法已에 心意淸淨하야 遠離諂曲하고 質直

無僞하야 於念念中에 常見諸佛이라하야 如是思

惟하고 心大欣慰하나니라

復作是念호대 我於未來에 當得成佛하고 以佛

神力으로 於一切世界에 爲一切衆生하야 各別

示現成等正覺하야 淸淨無畏大師子吼하며 以

곧 문득 친견하게 되며, 모든 부처님 여래께서 항상 나를 버리지 아니하고 항상 나의 처소에 머물러서 나로 하여금 친견하게 하시며, 나를 위해 법을 설하시어 끊어짐이 없다. 이미 법을 듣고는 마음 뜻이 청정하여 아첨을 멀리 여의고 정직하여 거짓이 없으며, 생각생각에 항상 모든 부처님을 친견하리라.' 이와 같이 사유하여 마음이 크게 기쁘고 편안하다.

다시 이 생각을 한다. '내가 미래에 마땅히 성불하고 부처님의 위신력으로 일체 세계에서 일체 중생을 위하여 각각 달리 평등하고 바른 깨달음 이룸을 나타내 보이며, 청정하고 두려

本大願_{으로} 周徧法界_{하야} 擊大法鼓_{하고} 雨大法

雨_{하고} 作大法施_{하야} 於無量劫_에 常演正法_{호대}

大悲所持_로 身語意業_이 無有疲厭_{이라하야} 如是

思惟_{하고} 心大欣慰_{하나니라}

佛子_야 是爲菩薩摩訶薩_의 十種大欣慰_니 若諸

菩薩_이 安住此法_{하면} 則得無上成正覺智慧大

欣慰_{니라}

움 없이 크게 사자후하며, 본래의 큰 서원으로 법계에 두루하여 큰 법의 북을 치며, 큰 법의 비를 내리며, 큰 법의 보시를 지어 한량없는 겁에 항상 바른 법을 펼치되, 대비를 지닌 바로 몸과 말과 뜻의 업은 피로해하거나 싫어함이 없으리라.' 이와 같이 사유하여 마음이 크게 기쁘고 편안하다.

불자들이여, 이것이 보살마하살의 열 가지 크게 기쁘고 편안함이다. 만약 모든 보살들이 이 법에 편안히 머무르면 곧 위없는 바른 깨달음의 지혜를 이루어 크게 기쁘고 편안함을 얻는다.

불자 보살마하살 유십종심입불법
佛子야 菩薩摩訶薩이 有十種深入佛法하니라

하등 위십
何等이 爲十고

소위입과거세일체세계   입미래세일체세
所謂入過去世一切世界하며 入未來世一切世

계   입현재세세계수   세계행   세계설
界하며 入現在世世界數와 世界行과 世界說과

세계청정   입일체세계종종성   입일체
世界淸淨하며 入一切世界種種性하며 入一切

중생종종업보   입일체보살종종행
衆生種種業報하며 入一切菩薩種種行하니라

지과거일체불차제   지미래일체불차제
知過去一切佛次第하며 知未來一切佛次第하며

지현재시방허공법계등일체제불 국토중
知現在十方虛空法界等一切諸佛의 國土衆

불자들이여, 보살마하살이 열 가지 부처님 법에 깊이 들어감이 있다.

무엇이 열인가?

이른바 과거세의 일체 세계에 들어가며, 미래세의 일체 세계에 들어가며, 현재세의 세계의 수효와 세계의 행과 세계의 말과 세계의 청정에 들어간다. 일체 세계의 갖가지 성품에 들어가며, 일체 중생의 갖가지 업과 과보에 들어가며, 일체 보살의 갖가지 행에 들어간다.

과거 일체 부처님의 차례를 알며, 미래 일체 부처님의 차례를 알며, 현재 시방의 허공 법계

회설법조복
會說法調伏하나라

지세간법　　성문법　　독각법　　보살법　　여래
知世間法과 **聲聞法**과 **獨覺法**과 **菩薩法**과 **如來**

법　　　수지제법　　개무분별　　　이설종종
法하야 **雖知諸法**이 **皆無分別**이나 **而說種種**

법　　　실입법계　　무소입고　　여기법설
法하야 **悉入法界**호대 **無所入故**로 **如其法說**하야

무소취착
無所取著이니라

시위십
是爲十이니라

약제보살　　안주차법　　즉득입어아뇩다라
若諸菩薩이 **安住此法**하면 **則得入於阿耨多羅**

삼먁삼보리대지혜심심성
三藐三菩提大智慧甚深性이니라

등 일체 모든 부처님 국토에 모인 대중에게 법을 설하여 조복함을 안다.

세간법과 성문법과 독각법과 보살법과 여래법을 알아서, 비록 모든 법이 다 분별이 없음을 알지만 갖가지 법을 설하며, 모두 법계에 들어가되 들어가는 바가 없는 까닭으로 그 법과 같이 설하여 집착하는 바가 없다.

이것이 열이다.

만약 모든 보살들이 이 법에 편안히 머무르면 곧 아뇩다라삼먁삼보리인 큰 지혜의 매우 깊은 성품에 들어가게 된다.

佛子야 菩薩摩訶薩이 有十種依止하야 菩薩이

依此行菩薩行하나니라

何等이 爲十고

所謂依止供養一切諸佛하야 行菩薩行하며 依止調伏一切衆生하야 行菩薩行하며 依止親近一切善友하야 行菩薩行하며 依止積集一切善根하야 行菩薩行하며 依止嚴淨一切佛土하야 行菩薩行하니라

불자들이여, 보살마하살이 열 가지 의지가 있어서 보살이 이를 의지하여 보살행을 행한다.

무엇이 열인가?

이른바 일체 모든 부처님께 공양올림을 의지하여 보살행을 행하며, 일체 중생을 조복함을 의지하여 보살행을 행하며, 일체 선우를 친근함을 의지하여 보살행을 행하며, 일체 선근을 쌓아 모음을 의지하여 보살행을 행하며, 일체 부처님의 국토를 깨끗이 장엄함을 의지하여 보살행을 행한다.

일체 중생을 버리지 않음을 의지하여 보살

의지불사일체중생　　행보살행　　의지심입
依止不捨一切衆生하야 行菩薩行하며 依止深入

일체바라밀　　행보살행　　의지만족일체보
一切波羅蜜하야 行菩薩行하며 依止滿足一切菩

살원　　행보살행　　의지무량보리심　　행
薩願하야 行菩薩行하며 依止無量菩提心하야 行

보살행　　의지일체불보리　　행보살행
菩薩行하며 依止一切佛菩提하야 行菩薩行이니라

시위십
是爲十이니라

보살　의차행보살행
菩薩이 依此行菩薩行이니라

불자　보살마하살　유십종발무외심
佛子야 菩薩摩訶薩이 有十種發無畏心하나라

행을 행하며, 일체 바라밀에 깊이 들어감을 의지하여 보살행을 행하며, 일체 보살의 서원을 만족함을 의지하여 보살행을 행하며, 한량없는 보리심을 의지하여 보살행을 행하며, 일체 부처님의 보리를 의지하여 보살행을 행한다.

이것이 열이다.

보살이 이것을 의지하여 보살행을 행한다.

불자들이여, 보살마하살이 열 가지 두려움 없는 마음을 냄이 있다.

무엇이 열인가?

하등 위십
何等이 爲十고

소위멸일체장애업   발무외심   어불멸
所謂滅一切障礙業하야 發無畏心하며 於佛滅

후   호지정법   발무외심   항복일체마
後에 護持正法하야 發無畏心하며 降伏一切魔하야

발무외심
發無畏心하나라

불석신명   발무외심   최파일체외도사
不惜身命하야 發無畏心하며 摧破一切外道邪

론   발무외심   영일체중생환희   발무
論하야 發無畏心하며 令一切衆生歡喜하야 發無

외심   영일체중회   개실환희   발무외
畏心하며 令一切衆會로 皆悉歡喜하야 發無畏

심
心하나라

이른바 일체 장애되는 업을 멸함에 두려움 없는 마음을 내며, 부처님께서 입멸하신 후에 바른 법을 보호해 지님에 두려움 없는 마음을 내며, 일체 마를 항복 받음에 두려움 없는 마음을 낸다.

몸과 목숨을 아끼지 아니함에 두려움 없는 마음을 내며, 일체 외도의 삿된 논리를 꺾어 깨뜨림에 두려움 없는 마음을 내며, 일체 중생으로 하여금 환희하게 함에 두려움 없는 마음을 내며, 일체 모인 대중들로 하여금 모두 다 환희하게 함에 두려움 없는 마음을 낸다.

조복일체천룡 야차 건달바 아수라 가
調伏一切天龍과 夜叉와 乾闥婆와 阿脩羅와 迦

루라 긴나라 마후라가 발무외심 이
樓羅와 緊那羅와 摩睺羅伽하야 發無畏心하며 離

이승지 입심심법 발무외심 어불가
二乘地하고 入甚深法하야 發無畏心하며 於不可

설불가설겁 행보살행 심무피염 발
說不可說劫에 行菩薩行호대 心無疲厭하야 發

무외심
無畏心이니라

시위십
是爲十이니라

약제보살 안주차법 즉득여래무상대지
若諸菩薩이 安住此法하면 則得如來無上大智

무소외심
無所畏心이니라

일체 천신과 용과 야차와 건달바와 아수라와 가루라와 긴나라와 마후라가를 조복함에 두려움 없는 마음을 내며, 이승의 지위를 떠나서 매우 깊은 법에 들어감에 두려움 없는 마음을 내며, 말할 수 없이 말할 수 없는 겁 동안 보살행을 행하되 마음에 피로해하거나 싫어함이 없음에 두려움 없는 마음을 낸다.

이것이 열이다.

만약 모든 보살들이 이 법에 편안히 머무르면 곧 여래의 위없는 큰 지혜의 두려울 바 없는 마음을 얻는다.

불자
보살마하살   발십종무의심   어일
佛子야 菩薩摩訶薩이 發十種無疑心하야 於一

체불법   심무의혹
切佛法에 心無疑惑하나니라

하등   위십
何等이 爲十고

소위보살마하살   발여시심   아당이보시
所謂菩薩摩訶薩이 發如是心호대 我當以布施로

섭일체중생   이계인정진선정지혜   자비
攝一切衆生하며 以戒忍精進禪定智慧와 慈悲

희사   섭일체중생
喜捨로 攝一切衆生이라하나니라

발차심시   결정무의   약생의심   무유시
發此心時에 決定無疑니 若生疑心하면 無有是

처   시위제일발무의심
處가 是爲第一發無疑心이요

불자들이여, 보살마하살이 열 가지 의혹이 없는 마음을 내어, 일체 부처님 법에 마음이 의혹이 없다.

무엇이 열인가?

이른바 보살마하살이 이와 같은 마음을 낸다. '내가 마땅히 보시로써 일체 중생을 거두며, 지계와 인욕과 정진과 선정과 지혜와 자애로움과 가엾게 여김과 기뻐함과 버림으로써 일체 중생을 거두어 주리라.'

이 마음을 낼 때에 결정코 의혹이 없으니, 만약 의혹의 마음을 내면 옳은 도리가 아니다. 이것이 첫째 의혹이 없는 마음을 냄이다.

보살마하살　　우작시념　　　미래제불　　출흥
菩薩摩訶薩이 又作是念호대 未來諸佛이 出興

우세　　　아당일체　　승사공양
于世어든 我當一切로 承事供養이라하나니라

발차심시　　결정무의　　약생의심　　　무유시
發此心時에 決定無疑니 若生疑心하면 無有是

처　　시위제이발무의심
處가 是爲第二發無疑心이요

보살마하살　　　우작시념　　　아당이종종기묘
菩薩摩訶薩이 又作是念호대 我當以種種奇妙

광명망　　주변장엄일체세계
光明網으로 周徧莊嚴一切世界라하나니라

발차심시　　결정무의　　약생의심　　　무유시
發此心時에 決定無疑니 若生疑心하면 無有是

처　　시위제삼발무의심
處가 是爲第三發無疑心이요

보살마하살이 또 이 생각을 한다. '미래의 모든 부처님께서 세상에 출현하시면, 내가 마땅히 일체로써 받들어 섬기며 공양올리리라.'

이 마음을 낼 때에 결정코 의혹이 없으니, 만약 의혹의 마음을 내면 옳은 도리가 아니다. 이것이 둘째 의혹이 없는 마음을 냄이다.

보살마하살이 또 이 생각을 한다. '내가 마땅히 갖가지 기묘한 광명 그물로써 일체 세계를 두루 장엄하리라.'

이 마음을 낼 때에 결정코 의혹이 없으니, 만약 의혹의 마음을 내면 옳은 도리가 아니다. 이것이 셋째 의혹이 없는 마음을 냄이다.

보살마하살　　우작시념　　　아당진미래겁
菩薩摩訶薩이 又作是念호대 我當盡未來劫토록

수보살행　　　무수무량무변무등　　불가수불
修菩薩行호대 無數無量無邊無等과 不可數不

가칭불가사불가량불가설　　불가설불가설
可稱不可思不可量不可說과 不可說不可說로

과제산수　　구경법계허공계일체중생　　아
過諸筭數하는 究竟法界虛空界一切衆生을 我

당실이무상교화조복법　　　이성숙지
當悉以無上敎化調伏法으로 而成熟之라하니라

발차심시　　결정무의　　약생의심　　무유시
發此心時에 決定無疑니 若生疑心하면 無有是

처　시위제사발무의심
處가 是爲第四發無疑心이요

보살마하살　　우작시념　　　아당수보살행
菩薩摩訶薩이 又作是念호대 我當修菩薩行하야

보살마하살이 또 이 생각을 한다. '내가 마땅히 미래겁이 다하도록 보살행을 닦되 수없고, 한량없고, 가없고, 같음이 없고, 셀 수 없고, 일컬을 수 없고, 생각할 수 없고, 헤아릴 수 없고, 말할 수 없고, 말할 수 없이 말할 수 없어 모든 산수를 초과하는 구경의 법계 허공계의 일체 중생을 내가 마땅히 모두 위없는 교화하고 조복하는 법으로써 성숙하게 하리라.'

이 마음을 낼 때에 결정코 의혹이 없으니, 만약 의혹의 마음을 내면 옳은 도리가 아니다. 이것이 넷째 의혹이 없는 마음을 냄이다.

보살마하살이 또 이 생각을 한다. '내가 마

만대서원　구일체지　　안주기중
滿大誓願하고 具一切智하야 安住其中이라하나니라

발차심시　결정무의　약생의심　　무유시
發此心時에 決定無疑니 若生疑心하면 無有是

처　　시위제오발무의심
處가 是爲第五發無疑心이요

보살마하살　우작시념　아당보위일체세
菩薩摩訶薩이 又作是念호대 我當普爲一切世

간　　행보살행　　위일체법청정광명　　조
間하야 行菩薩行호대 爲一切法淸淨光明하야 照

명일체소유불법
明一切所有佛法이라하나니라

발차심시　결정무의　약생의심　　무유시
發此心時에 決定無疑니 若生疑心하면 無有是

처　　시위제육발무의심
處가 是爲第六發無疑心이요

땅히 보살행을 닦아 큰 서원을 만족하고 일체지를 갖추어서 그 가운데 편안히 머무르리라.'

이 마음을 낼 때에 결정코 의혹이 없으니, 만약 의혹의 마음을 내면 옳은 도리가 아니다. 이것이 다섯째 의혹이 없는 마음을 냄이다.

보살마하살이 또 이 생각을 한다. '내가 마땅히 널리 일체 세간을 위하여 보살행을 행하되, 일체 법의 청정한 광명이 되어 일체 있는 바 부처님 법을 비추어 밝히리라.'

이 마음을 낼 때에 결정코 의혹이 없으니, 만약 의혹의 마음을 내면 옳은 도리가 아니다. 이것이 여섯째 의혹이 없는 마음을 냄이다.

보살마하살   우작시념   아당지일체법
菩薩摩訶薩이 又作是念호대 我當知一切法이

개시불법   수중생심   위기연설   실령
皆是佛法하고 隨衆生心하야 爲其演說하야 悉令

개오
開悟라하나니라

발차심시   결정무의   약생의심   무유시
發此心時에 決定無疑니 若生疑心하면 無有是

처   시위제칠발무의심
處가 是爲第七發無疑心이요

보살마하살   우작시념   아당어일체법
菩薩摩訶薩이 又作是念호대 我當於一切法에

득무장애문   지일체장애   불가득고   기
得無障礙門하야 知一切障礙가 不可得故로 其

심   여시무유의혹   주진실성   내지성
心이 如是無有疑惑하야 住眞實性하며 乃至成

보살마하살이 또 이 생각을 한다. '내가 마땅히 일체 법이 다 부처님 법임을 알고, 중생들의 마음을 따라 그들을 위해 연설하여 모두 깨닫게 하리라.'

이 마음을 낼 때에 결정코 의혹이 없으니, 만약 의혹의 마음을 내면 옳은 도리가 아니다. 이것이 일곱째 의혹이 없는 마음을 냄이다.

보살마하살이 또 이 생각을 한다. '내가 마땅히 일체 법에 장애가 없는 문을 얻어서 일체 장애는 얻을 수 없음을 아는 까닭으로, 그 마음이 이와 같이 의혹이 없어 진실한 성품에 머무르며 내지 아뇩다라삼먁삼보리를 이

어아뇩다라삼먁삼보리
於阿耨多羅三藐三菩提라하나니라

발차심시 결정무의 약생의심   무유시
發此心時에 決定無疑니 若生疑心하면 無有是

처   시위제팔발무의심
處가 是爲第八發無疑心이요

보살마하살   우작시념   아당지일체법
菩薩摩訶薩이 又作是念호대 我當知一切法이

막불개시출세간법   원리일체망상전도
莫不皆是出世閒法하야 遠離一切妄想顚倒하고

이일장엄   이자장엄   이무소장엄   어
以一莊嚴으로 而自莊嚴호대 而無所莊嚴하야 於

차자료   불유타오
此自了요 不由他悟라하나니라

발차심시 결정무의 약생의심   무유시
發此心時에 決定無疑니 若生疑心하면 無有是

루리라.'

이 마음을 낼 때에 결정코 의혹이 없으니, 만약 의혹의 마음을 내면 옳은 도리가 아니다. 이것이 여덟째 의혹이 없는 마음을 냄이다.

보살마하살이 또 이 생각을 한다. '내가 마땅히 일체 법이 다 출세간법 아님이 없음을 알고 일체 허망한 생각과 뒤바뀜을 멀리 여의며, 한 가지 장엄으로써 스스로 장엄하되 장엄하는 바가 없으니, 이것을 스스로 깨닫고 다른 이를 말미암아 깨닫지 않으리라.'

이 마음을 낼 때에 결정코 의혹이 없으니, 만약 의혹의 마음을 내면 옳은 도리가 아니

처 시위제구발무의심
處가 是爲第九發無疑心이요

보살마하살 우작시념 아당어일체법
菩薩摩訶薩이 又作是念호대 我當於一切法에

성최정각 이일체망상전도고 득일념상
成最正覺이니 離一切妄想顚倒故며 得一念相

응지고 약일약이 불가득고 이일체수고
應智故며 若一若異를 不可得故며 離一切數故며

구경무위고 이일체언설고 주불가설경
究竟無爲故며 離一切言說故며 住不可說境

계제고
界際故라하나니라

발차심시 결정무의 약생의심 무유시
發此心時에 決定無疑니 若生疑心하면 無有是

처 시위제십발무의심
處가 是爲第十發無疑心이니라

다. 이것이 아홉째 의혹이 없는 마음을 냄이다.

보살마하살이 또 이 생각을 한다. '내가 마땅히 일체 법에서 가장 바른 깨달음을 이루리니, 일체 허망한 생각과 뒤바뀜을 여의는 까닭이며, 한 생각과 서로 응하는 지혜를 얻는 까닭이며, 같음과 다름을 얻을 수 없는 까닭이며, 일체 수효를 여의는 까닭이며, 끝까지 함이 없는 까닭이며, 일체 말을 여의는 까닭이며, 말할 수 없는 경계의 경계에 머무르는 까닭이다.'

이 마음을 낼 때에 결정코 의혹이 없으니, 만약 의혹의 마음을 내면 옳은 도리가 아니

약제보살　안주차법　　즉어일체불법　심
若諸菩薩이 安住此法하면 則於一切佛法에 心

무소의
無所疑니라

불자　보살마하살　유십종불가사의
佛子야 菩薩摩訶薩이 有十種不可思議하니라

하등　위십
何等이 爲十고

소위일체선근　불가사의　일체서원　불가
所謂一切善根이 不可思議며 一切誓願이 不可

사의　지일체법여환　불가사의　발보리심
思議며 知一切法如幻이 不可思議며 發菩提心하야

수보살행　　선근불실　　무소분별　불가
修菩薩行호대 善根不失하야 無所分別이 不可

다. 이것이 열째 의혹이 없는 마음을 냄이다.

만약 모든 보살들이 이 법에 편안히 머무르면 곧 일체 부처님 법에 마음이 의혹하는 바가 없다.

불자들이여, 보살마하살이 열 가지 불가사의가 있다.

무엇이 열인가?

이른바 일체 선근이 불가사의며, 일체 서원이 불가사의며, 일체 법이 환과 같음을 아는 것이 불가사의며, 보리심을 내어 보살행을 닦되 선근을 잃지 아니하여 분별할 바 없음이

사의　수심입일체법　　역불취멸도　이일
思議며 雖深入一切法이나 亦不取滅度니 以一

체원　미성만고　불가사의
切願을 未成滿故가 不可思議하니라

수보살도　　이시현강신　입태탄생　출가
修菩薩道호대 而示現降神과 入胎誕生과 出家

고행　왕예도량　항복중마　성최정각　전
苦行과 往詣道場과 降伏衆魔와 成最正覺과 轉

정법륜　입반열반　신변자재　무유휴식
正法輪과 入般涅槃과 神變自在하야 無有休息하야

불사비원　구호중생　불가사의
不捨悲願하고 救護衆生이 不可思議하니라

수능시현여래십력　신변자재　이역불사
雖能示現如來十力의 神變自在나 而亦不捨

등법계심　교화중생　불가사의
等法界心하고 敎化衆生이 不可思議하니라

불가사의며, 비록 일체 법에 깊이 들어갔으나 또한 멸도를 취하지 아니하니 일체 서원을 아직 원만히 이루지 못한 까닭이 불가사의다.

　보살도를 닦되 천상에서 내려오고, 태에 들어가고, 탄생하고, 출가하고, 고행하고, 도량에 나아가고, 온갖 마들을 항복 받고, 가장 바른 깨달음을 이루고, 바른 법륜을 굴리고, 열반에 듦을 나타내 보이며, 신통 변화가 자재하여 쉼 없이 자비와 서원을 버리지 아니하고 중생을 구호함이 불가사의다.

　비록 여래의 십력과 신통 변화가 자재함을 능히 나타내 보이나 또한 법계와 같은 마음을 버리

지일체법　　　무상시상　　　　상시무상　　　무분
知一切法이 無相是相이요 相是無相이며 無分

별　　시분별　　　분별　　시무분별　　　비유시유
別이 是分別이요 分別이 是無分別이며 非有是有요

유시비유　　　무작시작　　　　작시무작　　　비설
有是非有며 無作是作이요 作是無作이며 非說

시설　　　설시비설　　불가사의
是說이요 說是非說이 不可思議하니라

지심여보리등　　　지보리여심등　　　심급보
知心與菩提等하며 知菩提與心等하며 心及菩

리　　여중생등　　　역불생심전도　　　상전도
提가 與衆生等호대 亦不生心顚倒와 想顚倒와

견전도　　　불가사의
見顚倒가 不可思議하니라

어염념중　　　입멸진정　　　진일체루　　　이부
於念念中에 入滅盡定하야 盡一切漏호대 而不

지 아니하고 중생들을 교화함이 불가사의다.

　일체 법이 모양 없는 것이 모양이고, 모양이 모양 없는 것이며, 분별없는 것이 분별이고, 분별이 분별없는 것이며, 있지 않은 것이 있는 것이고, 있는 것이 있지 않은 것이며, 지음 없는 것이 지음이고, 지음이 지음 없는 것이며, 말 아닌 것이 말이고, 말이 말 아닌 것임이 불가사의다.

　마음이 보리와 평등함을 알며, 보리가 마음과 평등하고 마음과 보리가 중생과 더불어 평등함을 알지만, 또한 마음이 뒤바뀌고 생각이 뒤바뀌고 소견이 뒤바뀜을 내지 않는 것이 불

證實際하고 亦不盡有漏善根하니라

雖知一切法이 無漏나 而知漏盡하고 亦知漏滅하며

雖知佛法이 即世間法이요 世間法이 即佛法이나

而不於佛法中에 分別世間法하고 不於世間法中에 分別佛法하나니라

一切諸法이 悉入法界호대 無所入故며 知一切法이 皆無二無變易故니라

是爲第十不可思議니라

가사의다.

 생각생각에 멸진정에 들어가 일체 번뇌를 다 하되, 실제를 증득하지도 않고 또한 샘이 있는 선근을 다하지도 않는다.

 비록 일체 법이 샘이 없음을 알지만, 샘이 다함도 알고, 또한 샘이 멸함도 안다. 비록 부처님 법이 곧 세간법이고 세간법이 곧 부처님 법임을 알지만, 부처님 법 가운데서 세간법을 분별하지도 않고 세간법 가운데서 부처님 법을 분별하지도 않는다.

 일체 모든 법이 다 법계에 들어가되 들어가는 바가 없는 까닭이며, 일체 법이 다 둘이 없

불자 시위보살마하살 십종불가사의 약
佛子야 是爲菩薩摩訶薩의 十種不可思議니 若

제보살 안주기중 즉득일체제불 무상
諸菩薩이 安住其中하면 則得一切諸佛의 無上

불가사의법
不可思議法이니라

불자 보살마하살 유십종교밀어
佛子야 菩薩摩訶薩이 有十種巧密語하니라

하등 위십
何等이 爲十고

소위어일체불경중 교밀어 어일체수생
所謂於一切佛經中에 巧密語와 於一切受生

처 교밀어 어일체보살신통변현성등정
處에 巧密語와 於一切菩薩神通變現成等正

고 변하여 바뀜이 없음을 아는 까닭이다.

이것이 열째 불가사의다.

불자들이여, 이것이 보살마하살의 열 가지 불가사의다. 만약 모든 보살들이 그 가운데 편안히 머무르면 곧 일체 모든 부처님의 위없는 불가사의한 법을 얻는다.

불자들이여, 보살마하살이 열 가지 교묘하고 비밀한 말이 있다.

무엇이 열인가?

이른바 일체 부처님 경전 가운데 교묘하고 비밀한 말과, 일체 태어나는 곳에 교묘하고 비밀

각   교밀어
覺에 巧密語니라

어일체중생업보   교밀어   어일체중생소
於一切衆生業報에 巧密語와 於一切衆生所

기염정   교밀어   어일체법구경무장애문
起染淨에 巧密語와 於一切法究竟無障礙門에

교밀어
巧密語니라

어일체허공계일일방처   실유세계   혹성
於一切虛空界一一方處에 悉有世界호대 或成

혹괴   간무공처   교밀어
或壞하야 間無空處한 巧密語니라

어일체법계일체시방   내지미세처   실유
於一切法界一切十方과 乃至微細處에 悉有

여래   시현초생   내지성불입반열반
如來가 示現初生으로 乃至成佛入般涅槃하야

한 말과, 일체 보살의 신통 변화와 평등하고 바른 깨달음을 이룸에 교묘하고 비밀한 말이다.

일체 중생의 업과 과보에 교묘하고 비밀한 말과, 일체 중생의 일으키는 바 물들고 깨끗함에 교묘하고 비밀한 말과, 일체 법의 끝까지 장애가 없는 문에 교묘하고 비밀한 말이다.

일체 허공계의 낱낱 방위와 처소에 모두 세계가 있는데 혹은 이루어지고 혹은 무너져서 사이에 빈 곳이 없음에 교묘하고 비밀한 말이다.

일체 법계 일체 시방과 내지 미세한 곳에도

충만법계　　실분별견　　　교밀어
充滿法界를 悉分別見하는 巧密語니라

견일체중생　　평등열반　　무변역고　　이불사
見一切衆生의 平等涅槃은 無變易故며 而不捨

대원　　이일체지원　　미득원만　　　영만족고
大願은 以一切智願이 未得圓滿하야 令滿足故인

교밀어
巧密語니라

수지일체법　　불유타오　　이불사리제선지
雖知一切法이 不由他悟나 而不捨離諸善知

식　　　어여래소　　전가존경　　　여선지식
識하야 於如來所에 轉加尊敬하며 與善知識으로

화합무이　　어제선근　　수집종식　　회향
和合無二하야 於諸善根에 修集種植하고 迴向

안주　　동일소작　　동일체성　　동일출리
安住하야 同一所作이며 同一體性이며 同一出離며

다 여래께서 계시어 처음 탄생하심에서부터 내지 성불하고 열반에 드심을 나타내 보이는 것이 법계에 가득함을 모두 분별하여 봄에 교묘하고 비밀한 말이다.

일체 중생의 평등한 열반을 보는 것은 변하여 바뀜이 없는 까닭이며, 큰 서원을 버리지 아니함은 일체지의 서원이 아직 원만함을 얻지 못하여 만족케 하려는 까닭에 교묘하고 비밀한 말이다.

비록 일체 법을 다른 이로 말미암아 깨닫는 것이 아님을 알지만 모든 선지식을 버리어 여의지 아니하고 여래의 처소에서 점점 더 존경

동일성취 교밀어
同一成就인 巧密語니라

시위십
是爲十이니라

약제보살 안주기중 즉득여래무상선교
若諸菩薩이 安住其中하면 則得如來無上善巧

미밀어
微密語니라

불자 보살마하살 유십종교분별지
佛子야 菩薩摩訶薩이 有十種巧分別智하니라

하등 위십
何等이 爲十고

소위입일체찰교분별지 입일체중생처교
所謂入一切刹巧分別智와 入一切衆生處巧

하며, 선지식과 화합하여 둘이 없으며, 모든 선근을 닦아 모으고 심으며, 회향하여 편안히 머물러서 동일한 짓는 바이며, 동일한 자체 성품이며, 동일한 벗어남이며, 동일한 성취임이 교묘하고 비밀한 말이다.

이것이 열이다.

만약 모든 보살들이 그 가운데 편안히 머무르면 곧 여래의 위없는 매우 교묘하고 비밀한 말을 얻는다.

불자들이여, 보살마하살이 열 가지 교묘하게 분별하는 지혜가 있다.

분별지
分別智이니라

입일체중생심행교분별지　입일체중생근
入一切衆生心行巧分別智와　入一切衆生根

교분별지
巧分別智이니라

입일체중생업보교분별지　입일체성문행
入一切衆生業報巧分別智와　入一切聲聞行

교분별지
巧分別智이니라

입일체독각행교분별지　입일체보살행교
入一切獨覺行巧分別智와　入一切菩薩行巧

분별지
分別智이니라

입일체세간법교분별지　입일체불법교분
入一切世間法巧分別智와　入一切佛法巧分

무엇이 열인가?

이른바 일체 세계에 들어가는 교묘하게 분별하는 지혜와, 일체 중생의 처소에 들어가는 교묘하게 분별하는 지혜이다.

일체 중생의 마음 행에 들어가는 교묘하게 분별하는 지혜와, 일체 중생의 근성에 들어가는 교묘하게 분별하는 지혜이다.

일체 중생의 업과 과보에 들어가는 교묘하게 분별하는 지혜와, 일체 성문의 행에 들어가는 교묘하게 분별하는 지혜이다.

일체 독각의 행에 들어가는 교묘하게 분별하는 지혜와, 일체 보살의 행에 들어가는 교묘하

별지
別智니라

시위십
是爲十이니라

약제보살 안주기중 즉득일체제불 무
若諸菩薩이 安住其中하면 則得一切諸佛의 無

상선교분별제법지
上善巧分別諸法智니라

불자 보살마하살 유십종입삼매
佛子야 菩薩摩訶薩이 有十種入三昧하니라

하등 위십
何等이 爲十고

소위어일체세계 입삼매 어일체중생신
所謂於一切世界에 入三昧하며 於一切衆生身에

게 분별하는 지혜이다.

일체 세간법에 들어가는 교묘하게 분별하는 지혜와, 일체 부처님 법에 들어가는 교묘하게 분별하는 지혜이다.

이것이 열이다.

만약 모든 보살들이 그 가운데 편안히 머무르면 곧 일체 모든 부처님의 위없이 매우 교묘하게 모든 법을 분별하는 지혜를 얻는다.

불자들이여, 보살마하살이 열 가지 삼매에 들어감이 있다.

무엇이 열인가?

入三昧하며 於一切法에 入三昧하니라

見一切佛하고 入三昧하며 住一切劫하야 入三昧하며

從三昧起하야 現不思議身入三昧하며 於一切

佛身에 入三昧하니라

覺悟一切衆生平等하야 入三昧하며 一念中에

入一切菩薩三昧智하야 入三昧하며 一念中에

以無礙智로 成就一切諸菩薩行願호대 無有休

息하야 入三昧하니라

이른바 일체 세계에서 삼매에 들어가며, 일체 중생의 몸에서 삼매에 들어가며, 일체 법에서 삼매에 들어간다.

일체 부처님을 친견하고 삼매에 들어가며, 일체 겁에 머물러 삼매에 들어가며, 삼매에서 일어나 부사의한 몸을 나타내어 삼매에 들어가며, 일체 부처님 몸에서 삼매에 들어간다.

일체 중생이 평등함을 깨달아 삼매에 들어가며, 한 생각 동안에 일체 보살의 삼매에 드는 지혜로 삼매에 들어가며, 한 생각 동안에 걸림 없는 지혜로 일체 모든 보살의 행과 원을

시 위 십
是爲十이니라

약제보살 안주기중 즉득일체제불 무
若諸菩薩이 安住其中하면 則得一切諸佛의 無

상선교삼매법
上善巧三昧法이니라

불자 보살마하살 유십종변입
佛子야 菩薩摩訶薩이 有十種徧入하나라

하등 위십
何等이 爲十고

소위중생변입 국토변입 세간종종상변
所謂衆生徧入과 國土徧入과 世間種種相徧

입 화재변입 수재변입 불변입 장엄변
入과 火災徧入과 水災徧入과 佛徧入과 莊嚴徧

성취하되 쉼 없이 삼매에 들어간다.

이것이 열이다.

만약 모든 보살들이 그 가운데 편안히 머무르면 곧 일체 모든 부처님의 위없이 매우 교묘한 삼매의 법을 얻는다.

불자들이여, 보살마하살이 열 가지 두루 들어감이 있다.

무엇이 열인가?

이른바 중생에 두루 들어가고, 국토에 두루 들어가고, 세간의 갖가지 모양에 두루 들어가고, 화재에 두루 들어가고, 수재에 두루 들어

입   여래무변공덕신변입   일체종종설법
入과 如來無邊功德身徧入과 一切種種說法

변입   일체여래종종공양변입
徧入과 一切如來種種供養徧入이니라

시위십
是爲十이니라

약제보살   안주기중   즉득여래무상대지
若諸菩薩이 安住其中하면 則得如來無上大智

변입법
徧入法이니라

불자   보살마하살   유십종해탈문
佛子야 菩薩摩訶薩이 有十種解脫門하니라

하등   위십
何等이 爲十고

가고, 부처님께 두루 들어가고, 장엄에 두루 들어가고, 여래의 가없는 공덕의 몸에 두루 들어가고, 일체 갖가지 법을 설함에 두루 들어가고, 일체 여래께 갖가지로 공양올림에 두루 들어간다.

이것이 열이다.

만약 모든 보살들이 그 가운데 편안히 머무르면 곧 여래의 위없는 큰 지혜에 두루 들어가는 법을 얻는다.

불자들이여, 보살마하살이 열 가지 해탈문이 있다.

所謂一身이 周徧一切世界解脫門과 於一切

世界에 示現無量種種色相解脫門과 以一切

世界로 入一佛刹解脫門하나라

普加持一切衆生界解脫門과 以一切佛莊嚴

身으로 充滿一切世界解脫門과 於自身中에 見

一切世界解脫門과 一念中에 往一切世界解

脫門이니라

於一世界에 示現一切如來出世解脫門과 一

무엇이 열인가?

이른바 한 몸이 일체 세계에 두루하는 해탈문과, 일체 세계에서 한량없는 갖가지 색상을 나타내 보이는 해탈문과, 일체 세계로 한 부처님 세계에 들어가는 해탈문이다.

일체 중생계를 널리 가지하는 해탈문과, 일체 부처님의 장엄한 몸으로 일체 세계에 가득한 해탈문과, 자신의 몸 가운데서 일체 세계를 보는 해탈문과, 한 생각 동안에 일체 세계에 가는 해탈문이다.

한 세계에서 일체 여래께서 출세하심을 나타내 보이는 해탈문과, 한 몸이 일체 법계에 가

身이 充滿一切法界解脫門과 一念中에 示現一

切佛遊戲神通解脫門이니라

是爲十이니라

若諸菩薩이 安住其中하면 則得如來無上解脫

門이니라

佛子야 菩薩摩訶薩이 有十種神通하니라

何等이 爲十고

득한 해탈문과, 한 생각 동안에 일체 부처님의 유희하시는 신통을 나타내 보이는 해탈문이다.

이것이 열이다.

만약 모든 보살들이 그 가운데 편안히 머무르면 곧 여래의 위없는 해탈문을 얻는다.

불자들이여, 보살마하살이 열 가지 신통이 있다.

무엇이 열인가?

이른바 지난 세상의 일을 기억하는 방편 지혜의 신통과, 하늘귀의 걸림 없는 방편 지

소위억념숙명방편지통　천이무애방편지
所謂憶念宿命方便智通과 天耳無礙方便智

통　지타중생부사의심행방편지통　천안
通과 知他衆生不思議心行方便智通과 天眼

관찰무유장애방편지통
觀察無有障礙方便智通이니라

수중생심　현부사의대신통력방편지통
隨衆生心하야 現不思議大神通力方便智通과

일신　보현무량세계방편지통　일념　변입
一身이 普現無量世界方便智通과 一念에 徧入

불가설불가설세계방편지통
不可說不可說世界方便智通이니라

출생무량장엄구　장엄부사의세계방편지
出生無量莊嚴具하야 莊嚴不思議世界方便智

통　시현불가설변화신방편지통　수부사
通과 示現不可說變化身方便智通과 隨不思

혜의 신통과, 다른 중생들의 부사의한 마음 행을 아는 방편 지혜의 신통과, 하늘눈으로 관찰하여 장애가 없는 방편 지혜의 신통이다.

중생 마음을 따라 부사의한 큰 신통력을 나타내는 방편 지혜의 신통과, 한 몸이 한량없는 세계에 널리 나타나는 방편 지혜의 신통과, 한 생각에 말할 수 없이 말할 수 없는 세계에 두루 들어가는 방편 지혜의 신통이다.

한량없는 장엄거리를 내어 부사의한 세계를 장엄하는 방편 지혜의 신통과, 말할 수 없이

의 중 생 심　　　어불가설세계　　　현성아뇩다라
議衆生心하야 於不可說世界에 現成阿耨多羅

삼먁삼보리방편지통
三藐三菩提方便智通이니라

시 위 십
是爲十이니라

약 제 보 살　　　안 주 기 중　　　즉득여래무상대선
若諸菩薩이 安住其中하면 則得如來無上大善

교 신 통　　　위 일 체 중 생　　　종 종 시 현　　　영 기
巧神通하야 爲一切衆生하야 種種示現하야 令其

수 학
修學이니라

불 자　　　보살마하살　　　유 십 종 명
佛子야 菩薩摩訶薩이 有十種明하니라

변화하는 몸을 나타내 보이는 방편 지혜의 신통과, 부사의한 중생 마음을 따라 말할 수 없는 세계에서 아뇩다라삼먁삼보리 이룸을 나타내는 방편 지혜의 신통이다.

이것이 열이다.

만약 모든 보살들이 그 가운데 편안히 머무르면 곧 여래의 위없는 큰 방편의 신통을 얻어서, 일체 중생을 위하여 갖가지로 나타내 보여 그들로 하여금 닦아 배우게 한다.

불자들이여, 보살마하살이 열 가지 밝음이 있다.

하등 위십
何等이 爲十고

소위지일체중생업보선교지명   지일체중
所謂知一切衆生業報善巧智明과 知一切衆

생경계   적멸청정   무제희론   선교지
生境界가 寂滅淸淨하야 無諸戱論하는 善巧智

명   지일체중생   종종소연   유시일상
明과 知一切衆生의 種種所緣이 唯是一相이라

실불가득   일체제법   개여금강   선교
悉不可得이며 一切諸法이 皆如金剛하는 善巧

지명
智明이니라

능이무량미묘음성   보문시방일체세계
能以無量微妙音聲으로 普聞十方一切世界하는

선교지명   보괴일체심소염착   선교지
善巧智明과 普壞一切心所染著하는 善巧智

무엇이 열인가?

이른바 일체 중생의 업과 과보를 아는 교묘한 지혜의 밝음과, 일체 중생의 경계가 고요하고 청정하여 모든 희론이 없음을 아는 교묘한 지혜의 밝음과, 일체 중생의 갖가지 반연하는 바가 오직 한 모양이어서 모두 얻을 수 없고 일체 모든 법이 다 금강과 같음을 아는 교묘한 지혜의 밝음이다.

능히 한량없이 미묘한 음성으로 시방의 일체 세계에 널리 들리게 하는 교묘한 지혜의 밝음과, 일체 마음의 물들어 집착하는 바를 널리 깨뜨리는 교묘한 지혜의 밝음과, 능히 방편으

명   능이방편   시현수생   혹불수생
明과 能以方便으로 示現受生하고 或不受生하는

선교지명   사리일체상수경계   선교지
善巧智明과 捨離一切想受境界하는 善巧智

명
明이니라

지일체법   비상비무상   일성무성   무
知一切法이 非相非無相이며 一性無性이라 無

소분별   이능요지종종제법   어무량겁
所分別이나 而能了知種種諸法하야 於無量劫에

분별연설   주어법계   성아뇩다라삼먁
分別演說하며 住於法界하야 成阿耨多羅三藐

삼보리   선교지명
三菩提하는 善巧智明이니라

보살마하살   지일체중생생   본무유생
菩薩摩訶薩이 知一切衆生生이 本無有生하야

로 태어나고 혹은 태어나지 않음을 나타내 보이는 교묘한 지혜의 밝음과, 일체 생각과 느낌의 경계를 버리어 여의는 교묘한 지혜의 밝음이다.

일체 법이 모양도 아니고 모양 없음도 아니며 한 성품이고 성품이 없어서 분별할 바가 없음을 알지만 능히 갖가지 모든 법을 밝게 알고, 한량없는 겁에 분별하여 연설하고, 법계에 머물러서 아뇩다라삼먁삼보리를 이루는 교묘한 지혜의 밝음이다.

보살마하살은 일체 중생의 나는 것이 본래 남이 없음을 알아서, 태어나는 것을 얻을 수

요달수생불가득고
了達受生不可得故니라

이지인지연　　　지사지경계　　　지행지생
而知因知緣하며 知事知境界하며 知行知生하며

지멸지언설　　　지미혹지리미혹　　　지전도
知滅知言說하며 知迷惑知離迷惑하며 知顚倒

지리전도　　　지잡염지청정
知離顚倒하며 知雜染知淸淨하나라

지생사지열반　　　지가득지불가득　　　지집
知生死知涅槃하며 知可得知不可得하며 知執

착지무집착　　　지주지동　　　지거지환　　　지
著知無執著하며 知住知動하며 知去知還하며 知

기지불기
起知不起하나라

지실괴　　　지출리　　　지성숙　　　지제근
知失壞하며 知出離하며 知成熟하며 知諸根하며

없는 까닭을 밝게 통달하였다.

　인도 알며, 연도 알며, 현상도 알며, 경계도 알며, 행함도 알며, 남도 알며, 멸함도 알며, 말함도 안다. 미혹함도 알고 미혹을 여읨도 알며, 뒤바뀜도 알고 뒤바뀜을 여읨도 알며, 섞이어 물듦도 알고 청정함도 안다.

　생사도 알고 열반도 알며, 얻음도 알고 얻지 못함도 알며, 집착함도 알고 집착함이 없음도 알며, 머무름도 알고 움직임도 알며, 감도 알고 돌아옴도 알며, 일어남도 알고 일어나지 않음도 안다.

　무너짐도 알며, 벗어남도 알며, 성숙함도 알

지조복   수기소응   종종교화   미증망
知調伏하야 隨其所應하야 種種敎化호대 未曾忘

실보살소행
失菩薩所行하나니라

하이고   보살   단위이익중생고   발아뇩다
何以故오 菩薩이 但爲利益衆生故로 發阿耨多

라삼먁삼보리심   무여소위   시고   보
羅三藐三菩提心이요 無餘所爲일새 是故로 菩

살   상화중생   신무피권   불위일체세
薩이 常化衆生호대 身無疲倦하야 不違一切世

간소작   시명연기   선교지명
間所作이니 是名緣起의 善巧智明이니라

보살마하살   어불   무착   불기착심
菩薩摩訶薩이 於佛에 無著하야 不起著心하며

어법   무착   불기착심   어찰   무착
於法에 無著하야 不起著心하며 於刹에 無著하야

며, 모든 근도 알며, 조복함도 알아서, 그 마땅한 바를 따라 갖가지로 교화하되 일찍이 보살의 행할 바를 잊어버리지 아니하였다.

무슨 까닭인가? 보살은 다만 중생들을 이익케 하기 위한 까닭으로 아뇩다라삼먁삼보리의 마음을 낼 뿐이고, 다른 것은 하는 바가 없다. 그러므로 보살이 항상 중생들을 교화하되 몸이 피로하거나 게으름이 없어서 일체 세간에서 짓는 바를 어기지 않는다. 이 이름이 '연기의 매우 교묘한 지혜의 밝음'이다.

보살마하살은 부처님께 집착이 없어 집착하는 마음을 일으키지 아니하며, 법에 집착이

불기착심　　어중생　무착　　불기착심
不起著心하며 **於衆生**에 **無著**하야 **不起著心**하니라

불견유중생　　이행교화조복설법　　연역
不見有衆生하고 **而行敎化調伏說法**이나 **然亦**

불사보살제행　대비대원
不捨菩薩諸行의 **大悲大願**하나니라

견불문법　　수순수행　　의어여래　　종제
見佛聞法하야 **隨順修行**하며 **依於如來**하야 **種諸**

선근　　공경공양　　무유휴식　　능이신
善根하며 **恭敬供養**하야 **無有休息**하며 **能以神**

력　　진동시방무량세계　　기심광대
力으로 **震動十方無量世界**하나니 **其心廣大**하야

등법계고
等法界故니라

지종종설법　　지중생수　　지중생차별
知種種說法하며 **知衆生數**하며 **知衆生差別**하며

없어 집착하는 마음을 일으키지 아니하며, 세계에 집착이 없어 집착하는 마음을 일으키지 아니하며, 중생에게 집착이 없어 집착하는 마음을 일으키지 아니한다.

 중생이 있음을 보아서 교화하고 조복하며 설법을 행하는 것은 아니지만, 그러나 또한 보살의 모든 행의 대비와 대원을 버리지 아니한다.

 부처님을 친견하고 법을 듣고 따라 수행하며, 여래를 의지하여 모든 선근을 심으며, 공경하고 공양올리기를 쉬지 아니하며, 능히 위신력으로 시방의 한량없는 세계를 진동시키니, 그 마음이 광대하여 법계와 같은 까닭이다.

지고생　　　지고멸　　　지일체행　　개여영상
知苦生하며 知苦滅하며 知一切行이 皆如影像하야

행보살행　　　영단일체수생근본　　단위구
行菩薩行하며 永斷一切受生根本하고 但爲救

호일체중생　　　행보살행　　이무소행
護一切衆生하야 行菩薩行호대 而無所行하니라

수순일체제불종성　　　발여대산왕심　　지
隨順一切諸佛種性하야 發如大山王心하며 知

일체허망전도　　　입일체종지문　　지혜광
一切虛妄顚倒하야 入一切種智門하며 智慧廣

대　　불가경동　　　당성정각　　어생사해
大하야 不可傾動하야 當成正覺하고 於生死海에

평등제도일체중생　　　선교지명
平等濟渡一切衆生하는 善巧智明이니라

시위십
是爲十이니라

갖가지 설법을 알며 중생의 수효를 알며 중생의 차별을 알며 괴로움이 생김을 알며 괴로움이 멸함을 알며 일체 행이 모두 그림자와 같음을 알아서 보살행을 행하며, 일체 태어나는 근본을 길이 끊었지만 다만 일체 중생을 구호하기 위하여 보살행을 행하되 행하는 바가 없다.

일체 모든 부처님의 종성을 따라서 큰 산왕과 같은 마음을 내며, 일체 허망하고 뒤바뀜을 알아서 일체 갖가지 지혜의 문에 들어가며, 지혜가 광대하여 움직일 수 없어서 마땅히 바른 깨달음을 이루어 생사 바다에서 일체 중생

약제보살　안주기중　　즉득여래무상대선
若諸菩薩이 安住其中하면 則得如來無上大善

교 지 명
巧智明이니라

불자　보살마하살　유십종해탈
佛子야 菩薩摩訶薩이 有十種解脫하나라

하등　위십
何等이 爲十고

소위번뇌해탈　　사견해탈　　제취해탈　　온계
所謂煩惱解脫과 邪見解脫과 諸取解脫과 蘊界

처 해 탈
處解脫이니라

초이승해탈　　무생법인해탈　　어일체세간
超二乘解脫과 無生法忍解脫과 於一切世間

을 평등하게 제도하는 교묘한 지혜의 밝음이다.

이것이 열이다.

만약 모든 보살들이 그 가운데 편안히 머무르면 곧 여래의 위없는 크게 교묘한 지혜의 밝음을 얻는다.

불자들이여, 보살마하살이 열 가지 해탈이 있다.

무엇이 열인가?

이른바 번뇌의 해탈과, 삿된 소견의 해탈과, 모든 취착의 해탈과, 온·계·처의 해탈이다.

일체찰일체중생일체법　　이착해탈　　무변
一切刹一切衆生一切法에 離著解脫과 無邊

주해탈
住解脫이니라

발기일체보살행　　입여래무분별지해탈
發起一切菩薩行하야 入如來無分別地解脫과

어일념중　　실능요지일체삼세해탈
於一念中에 悉能了知一切三世解脫이니라

시위십
是爲十이니라

약 제 보 살　　안 주 차 법　　즉 능 시 작 무 상 불
若諸菩薩이 安住此法하면 則能施作無上佛

사　　교화성숙일체중생
事하야 敎化成熟一切衆生이니라

이승을 초월하는 해탈과, 생사 없는 법인의 해탈과, 일체 세간과 일체 세계와 일체 중생과 일체 법에 집착을 여의는 해탈과, 가없이 머무르는 해탈이다.

일체 보살행을 일으켜서 여래의 분별없는 지위에 들어가는 해탈과, 한 생각 동안에 일체 삼세를 모두 능히 밝게 아는 해탈이다.

이것이 열이다.

만약 모든 보살들이 이 법에 편안히 머무르면 곧 위없는 부처님의 일을 능히 베풀어 일체 중생을 교화하여 성숙시킨다.

불자 보살마하살 유십종원림
佛子야 菩薩摩訶薩이 有十種園林하니라

하등 위십
何等이 爲十고

소위생사 시보살원림 무염사고 교화
所謂生死가 是菩薩園林이니 無厭捨故며 敎化

중생 시보살원림 불피권고
衆生이 是菩薩園林이니 不疲倦故니라

주일체겁 시보살원림 섭제대행고 청
住一切劫이 是菩薩園林이니 攝諸大行故며 淸

정세계 시보살원림 자소지주고
淨世界가 是菩薩園林이니 自所止住故니라

일체마궁전 시보살원림 항복피중고
一切魔宮殿이 是菩薩園林이니 降伏彼衆故며

사유소문법 시보살원림 여리관찰고
思惟所聞法이 是菩薩園林이니 如理觀察故니라

불자들이여, 보살마하살이 열 가지 동산 숲이 있다.

무엇이 열인가?

이른바 나고 죽음이 보살의 동산 숲이니 싫어서 버림이 없는 까닭이며, 중생을 교화함이 보살의 동산 숲이니 피로해하거나 게으르지 않은 까닭이다.

일체 겁에 머무름이 보살의 동산 숲이니 모든 큰 행을 거두는 까닭이며, 청정한 세계가 보살의 동산 숲이니 스스로 그치고 머무르는 바인 까닭이다.

일체 마의 궁전이 보살의 동산 숲이니 저 무

육바라밀사섭사삼십칠보리분법　　시보살
六波羅蜜四攝事三十七菩提分法이 是菩薩

원 림　　소계자부경계고　　십력사무소외
園林이니 紹繼慈父境界故며 十力四無所畏

십팔불공　　내지일체불법　　시보살원림
十八不共으로 乃至一切佛法이 是菩薩園林이니

불념여법고
不念餘法故니라

시현일체보살위력자재신통　　시보살원림
示現一切菩薩威力自在神通이 是菩薩園林이니

이대신력　　전정법륜　　조복중생　　무휴
以大神力으로 轉正法輪하야 調伏衆生하야 無休

식고
息故니라

일념어일체처　　위일체중생　　시성정각
一念於一切處에 爲一切衆生하야 示成正覺이

리들을 항복 받는 까닭이며, 들은 법을 사유함이 보살의 동산 숲이니 이치와 같이 관찰하는 까닭이다.

여섯 가지 바라밀과 네 가지 거두어 주는 일과 서른일곱 가지 보리분법이 보살의 동산 숲이니 자애로운 아버지의 경계를 잇는 까닭이며, 열 가지 힘과 네 가지 두려울 바 없음과 열여덟 가지 함께하지 않음과 내지 일체 부처님의 법이 보살의 동산 숲이니 다른 법을 생각하지 않는 까닭이다.

일체 보살의 위신력과 자재한 신통을 나타내 보임이 보살의 동산 숲이니 큰 위신력으로 바

시보살원림 법신 주변진허공일체세계
是菩薩園林이니 法身이 周徧盡虛空一切世界

고
故니라

시위십
是爲十이니라

약제보살 안주차법 즉득여래무상이우
若諸菩薩이 安住此法하면 則得如來無上離憂

뇌대안락행
惱大安樂行이니라

불자 보살마하살 유십종궁전
佛子야 菩薩摩訶薩이 有十種宮殿하니라

하등 위십
何等이 爲十고

른 법륜을 굴려서 중생들을 조복함에 휴식함이 없는 까닭이다.

한 생각 동안에 일체 처에서 일체 중생을 위하여 바른 깨달음 이룸을 보이는 것이 보살의 동산 숲이니 법신이 온 허공의 일체 세계에 널리 두루한 까닭이다.

이것이 열이다.

만약 모든 보살들이 이 법에 편안히 머무르면 곧 여래의 위없는 근심과 번뇌를 여의어 크게 안락한 행을 얻는다.

불자들이여, 보살마하살이 열 가지 궁전이

소위보리심　　시보살궁전　　　항불망실고
所謂菩提心이 是菩薩宮殿이니 恒不忘失故며

십선업도복덕지혜　　시보살궁전　　　교화욕
十善業道福德智慧가 是菩薩宮殿이니 敎化欲

계중생고
界衆生故니라

사범주선정　　시보살궁전　　　교화색계중생
四梵住禪定이 是菩薩宮殿이니 敎化色界衆生

고　　생정거천　　시보살궁전　　　일체번뇌불
故며 生淨居天이 是菩薩宮殿이니 一切煩惱不

염고
染故니라

생무색계　　시보살궁전　　　영제중생　　　이
生無色界가 是菩薩宮殿이니 令諸衆生으로 離

난처고　　생잡염세계　　시보살궁전　　　영일
難處故며 生雜染世界가 是菩薩宮殿이니 令一

있다.

무엇이 열인가?

이른바 보리심이 보살의 궁전이니 항상 잊어버리지 않는 까닭이며, 열 가지 착한 업의 길과 복덕과 지혜가 보살의 궁전이니 욕계의 중생들을 교화하는 까닭이다.

네 가지 범천이 머무르는 선정이 보살의 궁전이니 색계의 중생들을 교화하는 까닭이며, 정거천에 나는 것이 보살의 궁전이니 일체 번뇌에 물들지 않는 까닭이다.

무색계에 나는 것이 보살의 궁전이니 모든 중생들로 하여금 어려운 곳에서 떠나게 하는

切_체衆_중生_생으로 斷_단煩_번惱_뇌故_고니라

現_현處_처內_내宮_궁妻_처子_자眷_권屬_속이 是_시菩_보薩_살宮_궁殿_전이니 成_성就_취往_왕昔_석同_동行_행衆_중生_생故_고며 現_현居_거輪_윤王_왕護_호世_세釋_석梵_범이 是_시菩_보薩_살宮_궁殿_전이니 爲_위調_조伏_복自_자在_재心_심衆_중生_생故_고니라

住_주一_일切_체菩_보薩_살行_행遊_유戲_희神_신通_통하야 皆_개得_득自_자在_재가 是_시菩_보薩_살宮_궁殿_전이니 善_선遊_유戲_희諸_제禪_선解_해脫_탈三_삼昧_매智_지慧_혜故_고니라

一_일切_체佛_불所_소受_수無_무上_상自_자在_재一_일切_체智_지王_왕灌_관頂_정記_기가 是_시菩_보薩_살宮_궁殿_전이니 住_주十_십力_력莊_장嚴_엄하야 作_작一_일切_체法_법王_왕自_자

까닭이며, 잡되고 물든 세계에 나는 것이 보살의 궁전이니 일체 중생으로 하여금 번뇌를 끊게 하는 까닭이다.

현재 내궁에 있는 처자 권속이 보살의 궁전이니 지난 옛적에 함께 수행하던 중생을 성취하는 까닭이며, 현재 있는 윤왕과 호세사천왕과 제석천왕과 범천이 보살의 궁전이니 자재한 마음으로 중생을 조복하는 까닭이다.

일체 보살행에 머물러 신통에 유희하며 모두 자재를 얻음이 보살의 궁전이니 모든 선정과 해탈과 삼매의 지혜에 잘 유희하는 까닭이다.

일체 부처님 처소에서 위없이 자재한 일체

재 사 고
在事故니라

시 위 십
是爲十이니라

약 제보살   안주기중   즉득법관정   어
若諸菩薩이 安住其中하면 則得法灌頂하야 於

일체세간 신력자재
一切世間에 神力自在니라

불자 보살마하살   유십종소락
佛子야 菩薩摩訶薩이 有十種所樂하나니라

하등 위십
何等이 爲十고

소위낙정념   심불산란고 낙지혜 분별
所謂樂正念이니 心不散亂故며 樂智慧니 分別

지혜 왕의 관정의 수기를 받는 것이 보살의 궁전이니 열 가지 힘으로 장엄함에 머물러서 일체 법왕의 자재한 일을 짓는 까닭이다.

이것이 열이다.

만약 모든 보살들이 그 가운데 편안히 머무르면 곧 법으로 관정하여 일체 세간에서 위신력으로 자재함을 얻는다.

불자들이여, 보살마하살이 열 가지 좋아하는 것이 있다.

무엇이 열인가?

이른바 바른 생각을 좋아하니 마음이 산란

　　　　제법고
　　　　諸法故니라

　　　낙왕예일체불소　　청법무염고　　낙제불
　　　樂往詣一切佛所니 聽法無厭故며 樂諸佛이니

　　　충만시방　　　무변제고
　　　充滿十方하야 無邊際故니라

　　　낙보살자재　　위제중생　　　이무량문　　　이
　　　樂菩薩自在니 爲諸衆生하야 以無量門으로 而

　　　현신고　낙제삼매문　　　어일삼매문　　입일
　　　現身故며 樂諸三昧門이니 於一三昧門에 入一

　　　체삼매문고
　　　切三昧門故니라

　　　낙다라니　　지법불망　　　전수중생고　　낙무
　　　樂陀羅尼니 持法不忘하야 轉授衆生故며 樂無

　　　애변재　　어일문일구　　경불가설겁　　　분별
　　　礙辯才니 於一文一句에 經不可說劫토록 分別

하지 않은 까닭이며, 지혜를 좋아하니 모든 법을 분별하는 까닭이다.

일체 부처님 처소에 나아가기를 좋아하니 법을 들음에 싫어함이 없는 까닭이며, 모든 부처님을 좋아하니 시방에 충만하여 끝이 없는 까닭이다.

보살의 자재함을 좋아하니 모든 중생들을 위하여 한량없는 문으로 몸을 나타내는 까닭이며, 모든 삼매문을 좋아하니 한 삼매문에서 일체 삼매문에 들어가는 까닭이다.

다라니를 좋아하니 법을 지니고 잊지 아니하여 중생들에게 전해 주는 까닭이며, 걸림 없

연설 무궁진고
演說하야 無窮盡故니라

낙성정각 위일체중생 이무량문 시
樂成正覺이니 爲一切衆生하야 以無量門으로 示

현어신 성정각고 낙전법륜 최멸일체
現於身에 成正覺故며 樂轉法輪이니 摧滅一切

이도법고
異道法故니라

시위십
是爲十이니라

약제보살 안주차법 즉득일체제불여래
若諸菩薩이 安住此法하면 則得一切諸佛如來

무상법락
無上法樂이니라

는 변재를 좋아하니 한 글자와 한 글귀를 말할 수 없는 겁이 지나도록 분별하여 연설하되 끝까지 다함이 없는 까닭이다.

바른 깨달음 이룸을 좋아하니 일체 중생을 위하여 한량없는 문으로 몸에 바른 깨달음 이룸을 나타내 보이는 까닭이며, 법륜 굴리기를 좋아하니 일체 이교도의 법을 꺾어 멸하는 까닭이다.

이것이 열이다.

만약 모든 보살들이 이 법에 편안히 머무르면 곧 일체 모든 부처님 여래의 위없는 법의 즐거움을 얻는다.

불자 보살마하살 유십종장엄
佛子야 菩薩摩訶薩이 有十種莊嚴하나니라

하등 위십
何等이 爲十고

소위역장엄 불가괴고 무외장엄 무
所謂力莊嚴이니 不可壞故며 無畏莊嚴이니 無

능복고 의장엄 설불가설의 무궁진
能伏故며 義莊嚴이니 說不可說義하야 無窮盡

고 법장엄 팔만사천법취 관찰연설
故며 法莊嚴이니 八萬四千法聚를 觀察演說하야

무망실고
無忘失故니라

원장엄 일체보살소발홍서 무퇴전고
願莊嚴이니 一切菩薩所發弘誓에 無退轉故며

행장엄 수보현행 이출리고 찰장엄
行莊嚴이니 修普賢行하야 而出離故며 刹莊嚴이니

불자들이여, 보살마하살이 열 가지 장엄이 있다.

무엇이 열인가?

이른바 힘의 장엄이니 깨뜨릴 수 없는 까닭이며, 두려움 없는 장엄이니 굴복시킬 수 없는 까닭이며, 뜻의 장엄이니 말할 수 없는 뜻을 설하여 끝까지 다함이 없는 까닭이며, 법의 장엄이니 팔만사천 법의 무더기를 관찰하고 연설하여 잊어버리지 않는 까닭이다.

서원의 장엄이니 일체 보살이 세운 큰 서원에서 물러남이 없는 까닭이며, 행의 장엄이니 보현행을 닦아 벗어나는 까닭이며, 세계의 장

이일체찰 작일찰고 보음장엄 주변일
以一切刹로 作一刹故며 普音莊嚴이니 周徧一

체제불세계 우법우고
切諸佛世界하야 雨法雨故니라

역지장엄 어일체겁 행무수행 부단
力持莊嚴이니 於一切劫에 行無數行하야 不斷

절고 변화장엄 어일중생신 시현일체
絶故며 變化莊嚴이니 於一衆生身에 示現一切

중생수등신 영일체중생 실득지견
衆生數等身하야 令一切衆生으로 悉得知見하고

구일체지 무퇴전고
求一切智하야 無退轉故니라

시위십
是爲十이니라

약제보살 안주차법 즉득여래일체무상
若諸菩薩이 安住此法하면 則得如來一切無上

엄이니 일체 세계로 한 세계를 만드는 까닭이며, 너른 음성의 장엄이니 일체 모든 부처님 세계에 두루하여 법의 비를 내리는 까닭이다.

힘으로 지님의 장엄이니 일체 겁에 수없는 행을 행하여 끊어지지 않는 까닭이며, 변화의 장엄이니 한 중생의 몸에서 일체 중생의 수효와 같은 몸을 나타내 보여 일체 중생으로 하여금 모두 지견을 얻고 일체지를 구하여 물러남이 없게 하는 까닭이다.

이것이 열이다.

만약 모든 보살들이 이 법에 편안히 머무르면 곧 여래의 일체 위없는 법의 장엄을 얻는

법장엄
法莊嚴이니라

불자 보살마하살 발십종부동심
佛子야 菩薩摩訶薩이 發十種不動心하나니라

하등 위십
何等이 爲十고

소위어일체소유 실개능사부동심 사유
所謂於一切所有에 悉皆能捨不動心과 思惟

관찰일체불법부동심 억념공양일체제불
觀察一切佛法不動心과 憶念供養一切諸佛

부동심
不動心이니라

어일체중생 서무뇌해부동심 보섭중생
於一切衆生에 誓無惱害不動心과 普攝衆生하야

다.

　불자들이여, 보살마하살이 열 가지 움직이지 않는 마음을 낸다.
　무엇이 열인가?
　이른바 일체 가진 것을 모두 다 능히 버리는 움직이지 않는 마음과, 일체 부처님 법을 사유하고 관찰하는 움직이지 않는 마음과, 일체 모든 부처님을 생각하고 공양올리는 움직이지 않는 마음이다.
　일체 중생을 맹세코 괴롭히고 해치지 않으려는 움직이지 않는 마음과, 중생들을 널리 거

불간원친부동심　　　구일체불법　　　무유휴식
不揀怨親不動心과 求一切佛法호대 無有休息

부동심
不動心이니라

일체중생수등불가설불가설겁　　　행보살행
一切衆生數等不可說不可說劫에 行菩薩行호대

불생피염　　　역무퇴전부동심
不生疲厭하고 亦無退轉不動心이니라

성취유근신　　　무탁신　　　청정신　　　극청정신
成就有根信과 無濁信과 淸淨信과 極淸淨信과

이구신　　　명철신　　　공경공양일체불신　　　불퇴
離垢信과 明徹信과 恭敬供養一切佛信과 不退

전신　　　불가진신　　　무능괴신　　　대환희용약
轉信과 不可盡信과 無能壞信과 大歡喜踊躍

신　　　부동심
信하는 不動心이니라

두어 주고 원수와 친한 이를 가리지 않는 움직이지 않는 마음과, 일체 부처님 법을 구하되 쉼 없는 움직이지 않는 마음이다.

일체 중생의 수효와 같은 말할 수 없이 말할 수 없는 겁에 보살행을 행하되 피로해하거나 싫어함을 내지 아니하고 또한 물러남이 없는 움직이지 않는 마음이다.

뿌리가 있는 믿음과, 흐리지 않은 믿음과, 청정한 믿음과, 매우 청정한 믿음과, 때를 여읜 믿음과, 밝게 사무친 믿음과, 일체 부처님께 공경히 공양올리는 믿음과, 물러나지 않는 믿음과, 다할 수 없는 믿음과, 무너뜨릴 수 없는

성취출생일체지방편도부동심　문일체보
成就出生一切智方便道不動心과 聞一切菩

살행법　　신수불방부동심
薩行法하고 信受不謗不動心이니라

시위십
是爲十이니라

약제보살　　안주차법　　즉득무상일체지부
若諸菩薩이 安住此法하면 則得無上一切智不

동심
動心이니라

불자　보살마하살　유십종불사심대심
佛子야 菩薩摩訶薩이 有十種不捨深大心하나라

하등　위십
何等이 爲十고

믿음과, 크게 뛰며 환희하는 믿음을 성취하는 움직이지 않는 마음이다.

일체지를 내는 방편의 길을 성취하는 움직이지 않는 마음과, 일체 보살의 행하는 법을 들어서 믿고 받아들이어 비방하지 않는 움직이지 않는 마음이다.

이것이 열이다.

만약 모든 보살들이 이 법에 편안히 머무르면 곧 위없는 일체지의 움직이지 않는 마음을 얻는다.

불자들이여, 보살마하살이 열 가지 버리지

소위불사성만일체불보리심대심　　불사교
所謂不捨成滿一切佛菩提深大心과 **不捨敎**

화조복일체중생심대심　　불사부단일체제
化調伏一切衆生深大心과 **不捨不斷一切諸**

불종성심대심　　불사친근일체선지식심대
佛種性深大心과 **不捨親近一切善知識深大**

심
心이니라

불사공양일체제불심대심　　불사전구일체
不捨供養一切諸佛深大心과 **不捨專求一切**

대승공덕법심대심　　불사어일체불소　수
大乘功德法深大心과 **不捨於一切佛所**에 **修**

행범행　　호지정계심대심
行梵行하야 **護持淨戒深大心**이니라

불사친근일체보살심대심　　불사구일체불
不捨親近一切菩薩深大心과 **不捨求一切佛**

않는 깊고 큰 마음이 있다.

 무엇이 열인가?

 이른바 일체 부처님의 보리를 원만히 이룸을 버리지 않는 깊고 큰 마음과, 일체 중생을 교화하고 조복함을 버리지 않는 깊고 큰 마음과, 일체 모든 부처님의 종성을 끊지 않음을 버리지 않는 깊고 큰 마음과, 일체 선지식 친근함을 버리지 않는 깊고 큰 마음이다.

 일체 모든 부처님께 공양올림을 버리지 않는 깊고 큰 마음과, 일체 대승의 공덕의 법을 오로지 구함을 버리지 않는 깊고 큰 마음과, 일체 부처님의 처소에서 범행을 수행하고 깨끗

법　　　방편호지심대심　　불사만일체보살행
法하야 方便護持深大心과 不捨滿一切菩薩行

원　　　집일체제불법심대심
願하야 集一切諸佛法深大心이니라

시위십
是爲十이니라

약 제보살　　안주기중　　즉능불사일체불
若諸菩薩이 安住其中하면 則能不捨一切佛

법
法이니라

불자　보살마하살　　유십종지혜관찰
佛子야 菩薩摩訶薩이 有十種智慧觀察하나니라

하등　위십
何等이 爲十고

한 계를 보호하여 지님을 버리지 않는 깊고 큰 마음이다.

일체 보살 친근함을 버리지 않는 깊고 큰 마음과, 일체 부처님 법을 구하여 방편으로 보호하고 지님을 버리지 않는 깊고 큰 마음과, 일체 보살의 행과 원을 만족하고 일체 모든 부처님 법 모음을 버리지 않는 깊고 큰 마음이다.

이것이 열이다.

만약 모든 보살들이 그 가운데 편안히 머무르면 곧 능히 일체 부처님 법을 버리지 않는다.

불자들이여, 보살마하살이 열 가지 지혜의

소위선교분별　　설일체법지혜관찰　　요지
所謂善巧分別하야 說一切法智慧觀察과 了知

삼세일체선근지혜관찰　　요지일체제보살
三世一切善根智慧觀察과 了知一切諸菩薩

행자재변화지혜관찰
行自在變化智慧觀察이니라

요지일체제법의문지혜관찰　　요지일체제
了知一切諸法義門智慧觀察과 了知一切諸

불위력지혜관찰　　요지일체다라니문지혜
佛威力智慧觀察과 了知一切陀羅尼門智慧

관찰　　어일체세계　　보설정법지혜관찰
觀察과 於一切世界에 普說正法智慧觀察이니라

입일체법계지혜관찰　　지일체시방불가사
入一切法界智慧觀察과 知一切十方不可思

의지혜관찰　　지일체불법지혜광명무유장
議智慧觀察과 知一切佛法智慧光明無有障

관찰이 있다.

무엇이 열인가?

이른바 잘 분별하여 일체 법을 설하는 지혜의 관찰과, 삼세의 일체 선근을 밝게 아는 지혜의 관찰과, 일체 모든 보살들의 행과 자재하게 변화함을 밝게 아는 지혜의 관찰이다.

일체 모든 법과 이치의 문을 밝게 아는 지혜의 관찰과, 일체 모든 부처님의 위신력을 밝게 아는 지혜의 관찰과, 일체 다라니 문을 밝게 아는 지혜의 관찰과, 일체 세계에 바른 법을 널리 설하는 지혜의 관찰이다.

일체 법계에 들어가는 지혜의 관찰과, 일체

애 지 혜 관 찰
礙智慧觀察이니라

시 위 십
是爲十이니라

약 제 보 살   안 주 기 중   즉 득 여 래 무 상 대 지
若諸菩薩이 安住其中하면 則得如來無上大智

혜 관 찰
慧觀察이니라

불 자   보 살 마 하 살   유 십 종 설 법
佛子야 菩薩摩訶薩이 有十種說法하나니라

하 등   위 십
何等이 爲十고

소 위 설 일 체 법   개 종 연 기   설 일 체 법   개 실
所謂說一切法이 皆從緣起와 說一切法이 皆悉

시방의 불가사의함을 아는 지혜의 관찰과, 일체 부처님 법의 지혜 광명이 장애가 없음을 아는 지혜의 관찰이다.

이것이 열이다.

만약 모든 보살들이 그 가운데 편안히 머무르면 곧 여래의 위없는 큰 지혜의 관찰을 얻는다.

불자들이여, 보살마하살이 열 가지 법을 설함이 있다.

무엇이 열인가?

이른바 일체 법이 다 연을 좇아 일어남을 설하며, 일체 법이 모두 다 환과 같음을 설하며,

如幻과 說一切法이 無有乖諍과 說一切法이 無

有邊際와 說一切法이 無所依止니라

說一切法이 猶如金剛과 說一切法이 皆悉如

如와 說一切法이 皆悉寂靜과 說一切法이 皆悉

出離와 說一切法이 皆住一義하야 本性成就니라

是爲十이니라

若諸菩薩이 安住其中하면 則能善巧로 說一切

法이니라

일체 법이 어기거나 다툼이 없음을 설하며, 일체 법이 끝이 없음을 설하며, 일체 법이 의지하는 바가 없음을 설한다.

일체 법이 마치 금강과 같음을 설하며, 일체 법이 모두 다 여여함을 설하며, 일체 법이 모두 다 고요함을 설하며, 일체 법이 모두 다 벗어남인 것을 설하며, 일체 법이 모두 한 가지 이치에 머물러 본래 성품을 성취함을 설한다.

이것이 열이다.

만약 모든 보살들이 그 가운데 편안히 머무르면 곧 능히 매우 교묘하게 일체 법을 설한다.

불자　보살마하살　유십종청정
佛子야 菩薩摩訶薩이 有十種淸淨하니라

하등　위십
何等이 爲十고

소위심심청정　단의청정　이견청정　경계
所謂深心淸淨과 斷疑淸淨과 離見淸淨과 境界

청정　구일체지청정
淸淨과 求一切智淸淨이니라

변재청정　　무외청정　　주일체보살지청
辯才淸淨과 無畏淸淨과 住一切菩薩智淸

정　수일체보살율의청정　구족성취무상
淨과 受一切菩薩律儀淸淨과 具足成就無上

보리삼십이종백복상백정법　　일체선근청
菩提三十二種百福相白淨法하야 一切善根淸

정
淨이니라

불자들이여, 보살마하살이 열 가지 청정이 있다.

무엇이 열인가?

이른바 깊은 마음이 청정하고, 의심을 끊음이 청정하고, 소견을 여읨이 청정하고, 경계가 청정하고, 일체 지혜를 구함이 청정하다.

변재가 청정하고, 두려움 없음이 청정하고, 일체 보살의 지혜에 머무름이 청정하고, 일체 보살의 계율과 위의를 받음이 청정하고, 위없는 보리와 서른두 가지의 백 가지 복된 모습과 밝고 깨끗한 법과 일체 선근을 구족하게 성취함이 청정하다.

시위십
是爲十이니라

약제보살 안주기중 즉득일체여래무상
若諸菩薩이 安住其中하면 則得一切如來無上

청정법
淸淨法이니라

불자 보살마하살 유십종인
佛子야 菩薩摩訶薩이 有十種印하나니라

하등 위십
何等이 爲十고

소위보살마하살 지고고 괴고 행고
所謂菩薩摩訶薩이 知苦苦와 壞苦와 行苦하야

전구불법 불생해태 행보살행 무유
專求佛法호대 不生懈怠하며 行菩薩行호대 無有

이것이 열이다.

만약 모든 보살들이 그 가운데 편안히 머무르면 곧 일체 여래의 위없는 청정한 법을 얻는다.

불자들이여, 보살마하살이 열 가지 도장찍음이 있다.

무엇이 열인가?

이른바 보살마하살이 괴로움의 괴로움과 무너지는 괴로움과 변천하는 괴로움을 알아서 부처님의 법을 오로지 구하되 게으름을 내지 아니하며, 보살행을 행하되 피로해하거나 게으르지 아니하며, 놀라지 아니하고 두려워하

피해　　　　불경불외　　　　불공불포　　　　불사대
疲懈하야 不驚不畏하며 不恐不怖하야 不捨大

원　　　　구일체지　　　　견고불퇴　　　　구경아뇩다
願하고 求一切智하며 堅固不退하야 究竟阿耨多

라삼먁삼보리　　　　시위제일인
羅三藐三菩提하나니 是爲第一印이요

보살마하살　　　　견유중생　　　　우치광란　　　　혹이
菩薩摩訶薩이 見有衆生이 愚癡狂亂하야 或以

추폐악어　　　　이상훼욕　　　　혹이도장와석　　　　이
麁弊惡語로 而相毀辱하며 或以刀杖瓦石으로 而

가손해　　　　종불이차경계　　　　사보살심　　　　단
加損害라도 終不以此境界로 捨菩薩心하고 但

인욕유화　　　　전수불법　　　　주최승도　　　　입이
忍辱柔和하야 專修佛法하며 住最勝道하야 入離

생위　　　　시위제이인
生位하나니 是爲第二印이요

지 아니하며, 겁내지 아니하고 무서워하지 아니하며, 큰 서원을 버리지 아니하고 일체 지혜를 구하며, 견고하여 물러나지 아니하며, 마침내 아뇩다라삼먁삼보리에 이른다. 이것이 첫째 도장찍음이다.

보살마하살이 어떤 중생이 어리석고 미쳐서 혹은 거칠고 나쁜 말로 서로 헐뜯고 욕하며, 혹은 칼이나 막대기나 기와나 돌로써 해롭게 함을 보더라도, 마침내 이 경계로 보살의 마음을 버리지 아니하고, 다만 인욕하고 부드럽고 화평하게 오로지 부처님 법을 닦으며, 가장 수승한 도에 머물러 생을 여읜 자리에 들어간다.

보살마하살　문설여일체지상응심심불법
菩薩摩訶薩이 聞說與一切智相應甚深佛法하고

능이자지　심신인가　해료취입　시위
能以自智로 深信忍可하야 解了趣入하나니 是爲

제삼인
第三印이요

보살마하살　우작시념　아발심심　구
菩薩摩訶薩이 又作是念호대 我發深心하야 求

일체지　아당성불　득아뇩다라삼먁삼
一切智하며 我當成佛하야 得阿耨多羅三藐三

보리　일체중생　유전오취　수무량고
菩提하며 一切衆生이 流轉五趣하야 受無量苦일새

역당령기발보리심　심신환희　근수정
亦當令其發菩提心하야 深信歡喜하고 勤修精

진　견고불퇴　시위제사인
進하야 堅固不退라하나니 是爲第四印이요

이것이 둘째 도장찍음이다.

　보살마하살이 일체지와 서로 응하는 매우 깊은 부처님 법 설함을 듣고 능히 자기의 지혜로 깊이 믿고 분명히 알고서 밝게 이해하고 들어간다. 이것이 셋째 도장찍음이다.

　보살마하살이 또 이 생각을 하되 '내가 깊은 마음을 내어 일체지를 구하니 내가 마땅히 성불하여 아뇩다라삼먁삼보리를 얻을 것이며, 일체 중생이 다섯 갈래에 흘러 다니면서 한량없는 고통을 받으니 또한 마땅히 그들로 하여금 보리심을 내어 깊이 믿고 기뻐하며 부지런히 닦고 정진하며 견고하여 물러나지 않게 하

보살마하살   지여래지   무유변제   불이
菩薩摩訶薩이 知如來智가 無有邊際하야 不以

제한   측여래지   보살   증어무량불소
齊限으로 測如來智니 菩薩이 曾於無量佛所에

문여래지   무유변제   고능불이제한측
聞如來智가 無有邊際일새 故能不以齊限測

탁   일체세간문자소설   개유제한   실
度이며 一切世間文字所說은 皆有齊限일새 悉

불능지여래지혜   시위제오인
不能知如來智慧하나니 是爲第五印이요

보살마하살   어아뇩다라삼먁삼보리   득
菩薩摩訶薩이 於阿耨多羅三藐三菩提에 得

최승욕   심심욕   광욕   대욕   종종욕   무
最勝欲과 甚深欲과 廣欲과 大欲과 種種欲과 無

능승욕   무상욕   견고욕   중마외도   병기
能勝欲과 無上欲과 堅固欲과 衆魔外道와 幷其

리라.'고 한다. 이것이 넷째 도장찍음이다.

　보살마하살이 여래의 지혜가 끝이 없음을 알아서 제한된 것으로 여래의 지혜를 헤아리지 않는다. 보살이 일찍이 한량없는 부처님 처소에서 여래의 지혜가 끝이 없음을 들었으니, 그러므로 능히 제한된 것으로 헤아리지 않으며, 일체 세간의 문자로 설한 것은 다 제한이 있어 모두 여래의 지혜를 알 수 없다. 이것이 다섯째 도장찍음이다.

　보살마하살이 아뇩다라삼먁삼보리에서 가장 수승한 욕심과, 매우 깊은 욕심과, 넓은 욕심과, 큰 욕심과, 갖가지 욕심과, 이길 수 없는

眷屬이 無能壞欲과 求一切智不退轉欲하야 菩
薩이 住如是等欲일새 於無上菩提에 畢竟不
退하나니 是爲第六印이요

菩薩摩訶薩이 行菩薩行호대 不顧身命하야 無
能沮壞니 發心趣向一切智故며 一切智性이
常現前故며 得一切佛智光明故로 終不捨離
佛菩提하며 終不捨離善知識하나니 是爲第七
印이요

욕심과, 위없는 욕심과, 견고한 욕심과, 온갖 마와 외도와 아울러 그 권속들이 파괴할 수 없는 욕심과, 일체지를 구하여 물러나지 않는 욕심을 얻어서 보살이 이와 같은 등의 욕심에 머무르니 위없는 보리에서 끝까지 물러나지 않는다. 이것이 여섯째 도장찍음이다.

보살마하살이 보살행을 행하되 몸과 목숨을 돌보지 아니하여 방해하고 파괴할 수 없다. 발심하여 일체지로 나아가는 까닭이며, 일체지의 성품이 항상 앞에 나타나는 까닭이며, 일체 부처님 지혜의 광명을 얻은 까닭으로, 마침내 부처님의 보리를 버리어 여의지 아니하며

보살마하살　　약견선남자선여인　　취대승
菩薩摩訶薩이　若見善男子善女人이　趣大乘

자　　영기증장구불법심　　　영기안주일체선
者면　令其增長求佛法心하며　令其安住一切善

근　　　영기섭취일체지심　　　영기불퇴무상
根하며　令其攝取一切智心하며　令其不退無上

보리　　　시위제팔인
菩提하나니　是爲第八印이요

보살마하살　　영일체중생　　　득평등심
菩薩摩訶薩이　令一切衆生으로　得平等心하야

권령근수일체지도　　　이대비심　　　이위설
勸令勤修一切智道하며　以大悲心으로　而爲說

법　　영어아뇩다라삼먁삼보리　　　영불퇴
法하야　令於阿耨多羅三藐三菩提에　永不退

전　　　시위제구인
轉하나니　是爲第九印이요

마침내 선지식을 버리어 여의지 아니한다. 이 것이 일곱째 도장찍음이다.

　보살마하살이 만약 선남자 선여인이 대승에 나아가는 자를 보면, 그들이 부처님 법을 구하는 마음을 더욱 늘게 하며, 그들이 일체 선근에 편안히 머무르게 하며, 그들이 일체지의 마음을 거두어 가지게 하며, 그들이 위없는 보리에서 물러나지 않게 한다. 이것이 여덟째 도장찍음이다.

　보살마하살이 일체 중생으로 하여금 평등한 마음을 얻게 하며, 권하여 일체지의 도를 부지런히 닦게 하며, 대비의 마음으로 위하여 법을

보살마하살 여삼세제불 동일선근 부
菩薩摩訶薩이 **與三世諸佛**로 **同一善根**일새 **不**

단일체제불종성 구경득지일체지지
斷一切諸佛種性하고 **究竟得至一切智智**하나니

시위제십인
是爲第十印이니라

불자 시위보살마하살십종인 보살 이
佛子야 **是爲菩薩摩訶薩十種印**이니 **菩薩**이 **以**

차속성아뇩다라삼먁삼보리 구족여래일
此速成阿耨多羅三藐三菩提하야 **具足如來一**

체법무상지인
切法無上智印이니라

불자 보살마하살 유십종지광조
佛子야 **菩薩摩訶薩**이 **有十種智光照**하나니라

설하여, 아뇩다라삼먁삼보리에서 영원히 물러나지 않게 한다. 이것이 아홉째 도장찍음이다.

보살마하살이 삼세 모든 부처님과 선근이 같아서 일체 모든 부처님의 종성을 끊지 아니하고 구경에 일체지의 지혜에 이르게 된다. 이것이 열째 도장찍음이다.

불자들이여, 이것이 보살마하살의 열 가지 도장찍음이다. 보살이 이로써 아뇩다라삼먁삼보리를 빨리 이루어 여래의 일체 법에 위없는 지혜의 도장찍음을 구족한다.

불자들이여, 보살마하살이 열 가지 지혜 광

何等이 爲十고

所謂知定當成阿耨多羅三藐三菩提智光照와 見一切佛智光照와 見一切衆生死此生彼智光照니라

解一切修多羅法門智光照와 依善知識發菩提心하야 集諸善根智光照와 示現一切諸佛智光照와 敎化一切衆生하야 悉令安住如來地智光照니라

명의 비춤이 있다.

 무엇이 열인가?

 이른바 결정코 마땅히 아뇩다라삼먁삼보리를 이룰 것을 아는 지혜 광명의 비춤이며, 일체 부처님을 친견하는 지혜 광명의 비춤이며, 일체 중생이 여기에서 죽어 저기에서 나는 것을 보는 지혜 광명의 비춤이다.

 일체 수다라 법문을 아는 지혜 광명의 비춤이며, 선지식을 의지하여 보리심을 내어 모든 선근을 모으는 지혜 광명의 비춤이며, 일체 모든 부처님을 나타내 보이는 지혜 광명의 비춤이며, 일체 중생을 교화하여 모두 여래의 지위에

연설불가사의광대법문지광조 　　선교요지
演說不可思議廣大法門智光照와 善巧了知

일체제불신통위력지광조 　만족일체제바
一切諸佛神通威力智光照와 滿足一切諸波

라밀지광조
羅蜜智光照니라

시위십
是爲十이니라

약 제보살 　안주차법 　　즉득일체제불무상
若諸菩薩이 安住此法하면 則得一切諸佛無上

지광조
智光照니라

불자 　보살마하살 　　유십종무등주 　　일체
佛子야 菩薩摩訶薩이 有十種無等住하야 一切

편안히 머무르게 하는 지혜 광명의 비춤이다.

불가사의한 넓고 큰 법문을 연설하는 지혜 광명의 비춤이며, 일체 모든 부처님의 신통과 위신력을 교묘하고 밝게 아는 지혜 광명의 비춤이며, 일체 모든 바라밀을 만족하는 지혜 광명의 비춤이다.

이것이 열이다.

만약 모든 보살들이 이 법에 편안히 머무르면 곧 일체 모든 부처님의 위없는 지혜 광명의 비춤을 얻는다.

불자들이여, 보살마하살이 열 가지 같음이

중생   성문독각   실무여등
衆生과 聲聞獨覺이 悉無與等이니라

하등   위십
何等이 爲十고

소위보살마하살   수관실제   이불취증
所謂菩薩摩訶薩이 雖觀實際나 而不取證하나니

이일체원   미성만고   시위제일무등주
以一切願을 未成滿故가 是爲第一無等住요

보살마하살   종등법계일체선근   이불어
菩薩摩訶薩이 種等法界一切善根호대 而不於

중   유소집착   시위제이무등주
中에 有少執著이 是爲第二無等住요

보살마하살   수보살행   지기여화   이
菩薩摩訶薩이 修菩薩行호대 知其如化하야 以

일체법   실적멸고   이어불법   불생의혹
一切法이 悉寂滅故로 而於佛法에 不生疑惑이

없는 머무름이 있어서 일체 중생과 성문과 독각이 모두 더불어 같을 이가 없다.

무엇이 열인가?

이른바 보살마하살이 비록 실제를 관하나 증득을 취하지는 않으니, 일체 서원을 아직 원만히 이루지 못한 까닭이다. 이것이 첫째 같음이 없는 머무름이다.

보살마하살이 법계와 평등한 일체 선근을 심되 그 가운데 조그만 집착도 없다. 이것이 둘째 같음이 없는 머무름이다.

보살마하살이 보살행을 닦되 그것이 환화와 같음을 아니, 일체 법이 모두 적멸한 까닭으로

시위제삼무등주
是爲第三無等住요

보살마하살 수이세간소유망상 연능
菩薩摩訶薩이 **雖離世間所有妄想**이나 **然能**

작의 어불가설겁 행보살행 만족대
作意하야 **於不可說劫**에 **行菩薩行**하야 **滿足大**

원 종부중기피염지심 시위제사무등
願하고 **終不中起疲厭之心**이 **是爲第四無等**

주
住요

보살마하살 어일체법 무소취착 이일
菩薩摩訶薩이 **於一切法**에 **無所取著**하야 **以一**

체법 성적멸고 이부증열반 하이고
切法이 **性寂滅故**로 **而不證涅槃**하나니 **何以故**오

일체지도 미성만고 시위제오무등주
一切智道를 **未成滿故**가 **是爲第五無等住**요

부처님의 법에 의혹을 내지 않는다. 이것이 셋째 같음이 없는 머무름이다.

　보살마하살이 비록 세간에 있는 허망한 생각을 여의었으나, 그러나 능히 생각하기를 '말할 수 없는 겁에 보살행을 행하여 큰 서원을 만족하리라.'고 하며, 마침내 그 중간에 피로해하거나 싫어하는 마음을 일으키지 않는다. 이것이 넷째 같음이 없는 머무름이다.

　보살마하살이 일체 법에 취착하는 바가 없으니, 일체 법이 성품이 적멸한 까닭으로 열반을 증득하지 않는다. 왜냐하면 일체지의 도를 아직 원만히 이루지 못한 까닭이다. 이것이 다섯

보살마하살　　지일체겁　　개즉비겁　　　이진
菩薩摩訶薩이 知一切劫이 皆即非劫이나 而眞

실설일체겁수　　시위제육무등주
實說一切劫數가 是爲第六無等住요

보살마하살　　지일체법　　실무소작　　　이불
菩薩摩訶薩이 知一切法이 悉無所作이니 而不

사작도　　구제불법　　시위제칠무등주
捨作道하고 求諸佛法이 是爲第七無等住요

보살마하살　　지삼계유심　　　삼세유심
菩薩摩訶薩이 知三界唯心이며 三世唯心이나

이요지기심　　무량무변　　시위제팔무등주
而了知其心의 無量無邊이 是爲第八無等住요

보살마하살　　위일중생　　어불가설겁　　행
菩薩摩訶薩이 爲一衆生하야 於不可說劫에 行

보살행　　욕령안주일체지지　　　여위일중
菩薩行하야 欲令安住一切智地하나니 如爲一衆

째 같음이 없는 머무름이다.

 보살마하살이 일체 겁이 모두 겁이 아님을 알지만 진실로 일체 겁의 수효를 설한다. 이것이 여섯째 같음이 없는 머무름이다.

 보살마하살이 일체 법에 모두 지을 바가 없음을 알지만 도를 지어 모든 부처님 법 구하기를 버리지 않는다. 이것이 일곱째 같음이 없는 머무름이다.

 보살마하살이 삼계는 오직 마음뿐이며 삼세가 오직 마음뿐임을 알지만, 그 마음이 한량없고 가없음을 분명히 안다. 이것이 여덟째 같음이 없는 머무름이다.

生하야 爲一切衆生도 悉亦如是호대 而不生疲
厭이 是爲第九無等住요

菩薩摩訶薩이 雖修行圓滿이나 而不證菩
提하나니 何以故오 菩薩이 作如是念호대 我之所
作이 本爲衆生이라 是故로 我應久處生死하야 方
便利益하야 皆令安住無上佛道가 是爲第十無

等住니라

佛子야 是爲菩薩摩訶薩의 十種無等住니 若諸

보살마하살이 한 중생을 위하여 말할 수 없는 겁에 보살행을 행하여 일체지의 지위에 편안히 머무르게 하려 한다. 한 중생을 위하는 것과 같이 일체 중생을 위해서도 모두 또한 이와 같이 하되 피로해하거나 싫어하지 않는다. 이것이 아홉째 같음이 없는 머무름이다.

보살마하살이 비록 수행은 원만하나 보리를 증득하지 않으니, 왜냐하면 보살이 이와 같은 생각을 하기를 '내가 짓는 바는 본래 중생을 위함이다. 그러므로 내가 마땅히 오래 생사에 있으면서 방편으로 이익하게 하여 모두 위없는 부처님의 도에 편안히 머무르게 하리라.'고 한

보살　안주기중　　즉득무상대지일체불법
菩薩이 安住其中하면 則得無上大智一切佛法

무등주
無等住니라

〈大方廣佛華嚴經 卷第五十四〉

다. 이것이 열째 같음이 없는 머무름이다.

　불자들이여, 이것이 보살마하살의 열 가지 같음이 없는 머무름이다. 만약 모든 보살들이 그 가운데 편안히 머무르면 곧 위없는 큰 지혜의 일체 부처님 법에서 같음이 없는 머무름을 얻는다."

〈대방광불화엄경 제54권〉

大方廣佛華嚴經 — 부록

·

대방광불화엄경 목차

·

간행사

대방광불화엄경
목차

⟨제1회⟩

제1권　제1품　세주묘엄품 [1]

제2권　제1품　세주묘엄품 [2]

제3권　제1품　세주묘엄품 [3]

제4권　제1품　세주묘엄품 [4]

제5권　제1품　세주묘엄품 [5]

제6권　제2품　여래현상품

제7권　제3품　보현삼매품

　　　　제4품　세계성취품

제8권　제5품　화장세계품 [1]

제9권　제5품　화장세계품 [2]

제10권　제5품　화장세계품 [3]

제11권　제6품　비로자나품

⟨제2회⟩

제12권　제7품　여래명호품

　　　　제8품　사성제품

제13권　제9품　광명각품

　　　　제10품　보살문명품

제14권　제11품　정행품

　　　　제12품　현수품 [1]

제15권　제12품　현수품 [2]

⟨제3회⟩

제16권　제13품　승수미산정품

　　　　제14품　수미정상게찬품

　　　　제15품　십주품

제17권　제16품　범행품

　　　　제17품　초발심공덕품

제18권　제18품　명법품

〈제4회〉

제19권　제19품　승야마천궁품

　　　　　제20품　야마궁중게찬품

　　　　　제21품　십행품 [1]

제20권　제21품　십행품 [2]

제21권　제22품　십무진장품

〈제5회〉

제22권　제23품　승도솔천궁품

제23권　제24품　도솔궁중게찬품

　　　　　제25품　십회향품 [1]

제24권　제25품　십회향품 [2]

제25권　제25품　십회향품 [3]

제26권　제25품　십회향품 [4]

제27권　제25품　십회향품 [5]

제28권　제25품　십회향품 [6]

제29권　제25품　십회향품 [7]

제30권　제25품　십회향품 [8]

제31권　제25품　십회향품 [9]

제32권　제25품　십회향품 [10]

제33권　제25품　십회향품 [11]

〈제6회〉

제34권　제26품　십지품 [1]

제35권　제26품　십지품 [2]

제36권　제26품　십지품 [3]

제37권　제26품　십지품 [4]

제38권　제26품　십지품 [5]

제39권　제26품　십지품 [6]

〈제7회〉

제40권　제27품　십정품 [1]

제41권　제27품　십정품 [2]

제42권　제27품　십정품 [3]

제43권　제27품　십정품 [4]

제44권　제28품　십통품

　　　　　제29품　십인품

제45권　제30품　아승지품

　　　　　제31품　수량품

　　　　　제32품　제보살주처품

제46권　제33품　불부사의법품 [1]

제47권　제33품　불부사의법품 [2]

제48권	제34품	여래십신상해품		제63권	제39품	입법계품 [4]
	제35품	여래수호광명공덕품		제64권	제39품	입법계품 [5]
제49권	제36품	보현행품		제65권	제39품	입법계품 [6]
제50권	제37품	여래출현품 [1]		제66권	제39품	입법계품 [7]
제51권	제37품	여래출현품 [2]		제67권	제39품	입법계품 [8]
제52권	제37품	여래출현품 [3]		제68권	제39품	입법계품 [9]
				제69권	제39품	입법계품 [10]
〈제8회〉				제70권	제39품	입법계품 [11]
제53권	제38품	이세간품 [1]		제71권	제39품	입법계품 [12]
제54권	**제38품**	**이세간품 [2]**		제72권	제39품	입법계품 [13]
제55권	제38품	이세간품 [3]		제73권	제39품	입법계품 [14]
제56권	제38품	이세간품 [4]		제74권	제39품	입법계품 [15]
제57권	제38품	이세간품 [5]		제75권	제39품	입법계품 [16]
제58권	제38품	이세간품 [6]		제76권	제39품	입법계품 [17]
제59권	제38품	이세간품 [7]		제77권	제39품	입법계품 [18]
				제78권	제39품	입법계품 [19]
〈제9회〉				제79권	제39품	입법계품 [20]
제60권	제39품	입법계품 [1]		제80권	제39품	입법계품 [21]
제61권	제39품	입법계품 [2]				
제62권	제39품	입법계품 [3]				

간행사

　귀의삼보 하옵고,
『대방광불화엄경』의 수지 독송과 유통을 발원하면서 수미정사 불전연구원에서『독송본 한문·한글역 대방광불화엄경』과『사경본 한글역 대방광불화엄경』을 편찬하여 간행하게 되었습니다.
　『화엄경』은 우리나라에 전래된 이래 일찍부터 사경되고 주석·강설되어 왔으며 근현대에 이르러서는『화엄경』의 한글 번역과 연구도 부쩍 많이 이루어졌습니다. 그만큼『화엄경』이 우리 불자님들의 신행과 해탈에 큰 의지처가 되었던 것임을 알 수 있습니다.
　『화엄경』을 독송하고 사경하는 공덕은 설법 공덕과 함께 크게 강조되어 왔습니다. 그리하여 수미정사 불전연구원에서도『화엄경』(80권)을 독송하고 사경하는 데 도움이 되도록 한문 원문과 한글역을 함께 수록한 독송본과 한글역의 사경본『화엄경』간행불사를 발원하였습니다. 이『화엄경』간행불사에 뜻을 같이하여 적극 후원해주신 스님들과 재가 불자님들께 깊이 감사드립니다. 또한『화엄경』을 수지 독송할 수 있도록 경책의 모습으로 장엄해 주신 편집위원들과 담앤북스 출판사 관계자들께도 고마움을 표합니다.
　끝으로 이 불사의 원만 회향으로『화엄경』이 널리 유통되고, 온 법계에 부처님의 가피가 충만하시길 기원드립니다.
　나무 대방광불화엄경

　　　　　　　　　　　　　　　　　불기 2564년 '부처님오신날'을 봉축하며
　　　　　　　　　　　　　　　　　　　　　　　　　수미해주 합장

위태천신(동진보살)

수미해주 須彌海住

호거산 운문사에서 성관 스님을 은사로 출가, 석암 대화상을 계사로 사미니계 수계, 월하 전계사를 계사로 비구니계 수계, 계룡산 동학사 전문강원 졸업, 동국대학교 불교대학 및 동 대학원 졸업, 철학박사, 가산지관 대종사에게서 전강, 동국대학교 불교대학 교수, 동학승가대학 학장 및 화엄학림 학림장, 중앙승가대학교 법인이사 역임.
(현) 수미정사 주지, 동국대학교 명예교수.
저·역서로 『의상화엄사상사연구』, 『화엄의 세계』, 『정선 원효』, 『정선 화엄 1』, 『정선 지눌』, 『법계도기총수록』, 『해주스님의 법성게 강설』 등 다수.

독송본 한문·한글역
대방광불화엄경 제54권

| 초판 1쇄 발행_ 2025년 3월 24일

| 엮 은 이_ 수미해주
| 엮 은 곳_ 수미정사 불전연구원
| 편집위원_ 해주 수정 경진 선초 정천 석도 박보람 최원섭
| 편 집 보_ 무이 무진 지욱 혜명

| 펴 낸 이_ 오세룡
| 펴 낸 곳_ 담앤북스
              서울특별시 종로구 새문안로3길 23 경희궁의 아침 4단지 805호
              대표전화 02)765-1251 전자우편 dhamenbooks@naver.com
              출판등록 제300-2011-115호
| ISBN_ 979-11-6201-905-4 04220

이 책은 저작권 법에 따라 보호받는 저작물이므로 무단전재와 복제를 금합니다.
이 책 내용의 전부 또는 일부를 이용하려면 반드시 저작권자와 담앤북스의 서면 동의를 받아야 합니다.

정가 15,000원
ⓒ 수미해주 2025